浙江省哲学社会科学规划项目(21NDJC168YB)研究成果

中国金融发展促进经济增长研究

基于省级工业行业数据实证分析

庞得志 著

中国财经出版传媒集团

经济科学出版社
Economic Science Press

·北 京·

图书在版编目（CIP）数据

中国金融发展促进经济增长研究：基于省级工业行业数据实证分析/庞得志著．──北京：经济科学出版社，2024.3

ISBN 978-7-5218-4498-6

Ⅰ.①中⋯　Ⅱ.①庞⋯　Ⅲ.①金融事业－关系－中国经济－经济增长－研究　Ⅳ.①F832②F124

中国国家版本馆 CIP 数据核字（2023）第 014289 号

责任编辑：孙丽丽　撒晓宇
责任校对：蒋子明
责任印制：范　艳

中国金融发展促进经济增长研究
——基于省级工业行业数据实证分析
庞得志　著

经济科学出版社出版、发行　新华书店经销
社址：北京市海淀区阜成路甲 28 号　邮编：100142
总编部电话：010-88191217　发行部电话：010-88191522
网址：www.esp.com.cn
电子邮箱：esp@esp.com.cn
天猫网店：经济科学出版社旗舰店
网址：http://jjkxcbs.tmall.com
北京季蜂印刷有限公司印装
710×1000　16 开　11 印张　200000 字
2024 年 3 月第 1 版　2024 年 3 月第 1 次印刷
ISBN 978-7-5218-4498-6　定价：45.00 元
（图书出现印装问题，本社负责调换。电话：010-88191545）
（版权所有　侵权必究　打击盗版　举报热线：010-88191661
QQ：2242791300　营销中心电话：010-88191537
电子邮箱：dbts@esp.com.cn）

前　　言

　　经过40多年的改革开放，我国的经济发展在质与量上都取得了令人瞩目的成就。但是伴随着我国的经济发展在2012年进入"新常态"，经济增长速度开始减缓；伴随多年经济高速增长所积累的问题，2015年，我国提出了"供给侧结构性改革"的概念，通过调整经济结构供给端来推进经济改革，提升经济质量。本书以我国经济在"新常态""供给侧结构性改革"前后的十余年较为典型时间段作为研究样本，规避了新冠疫情对经济增长的外生影响，通过省级行业视角、研究金融发展通过缓解行业外部融资依赖，促进行业产值增长的相关问题。

　　本书在国内外学者有关金融发展与经济增长研究文献进行概括和总结的基础上，首先在内生增长的框架下对金融发展促进经济增长的具体机制进行了理论分析。通过构建数理模型的方式，将金融发展因素作为内生变量，嵌入经济增长方程，并在数理上分析了金融发展通过影响具体劳动要素影响经济增长的内生途径。

　　其次，根据中国的金融发展实际情况中，采用省级工业行业面板数据来扩大样本容量；以行业外部融资依赖作为连接金融发展与行业产值增长的纽带，认为金融发展和经济增长是否存在因果关系的前提是金融发展促进经济增长存在必要的渠道和机制；将金融发展与经济增长这个宏观研究微观化，采用系统广义矩估计法（System GMM）进行动态分析来增强实证结论。

　　再次，对中国的金融中介发展指标进行了相对应的私人信贷估计，并增加了省级股票市场发展与债券市场发展指标，通过一系列的回归分析，评价这些金融发展指标在测算我国金融发展与经济增长上的显著性以及解释能力。

最后，实证分析了金融发展通过缓解行业外部融资依赖来影响资本累积和技术进步的方式以及促进经济增长的显著性。通过以上的实证分析，获得一些具有参考价值的结论，这对在新常态背景下，如何通过金融系统的促进供给侧的深化改革，调整我国制造业结构，制定经济发展政策具有一定的实际意义。

本书的创新点可以概括为：

第一，在现有的文献基础上，通过中观视角，也就是在省级工业行业层次上，实证研究我国金融发展和经济增长之间的关系。

第二，构建了非参数估计的全要素增长方程，并将金融因素纳入到模型中，并进一步通过数理分析和规范分析，论证金融发展通过影响内生生产要素促进经济增长的机制。

第三，拓展了拉詹和津加莱斯（Rajan and Zingales）在1998年发表的《金融依赖与增长》中的数理模型，主要体现在两个方面：一是本书认为一个国家的不同省份的行业因地域禀赋等问题必然导致所面临的外部融资依赖有一定的差异，所以在行业的产值增长受到具体行业的外部融资依赖和本地区的金融发展相互影响的影响机制中，将行业外部融资依赖变量加入了区域性的因素变量。二是针对拉詹和津加莱斯（1998）在采用融资依赖作为联系金融发展和具体行业产值增长进行回归时，并没有进一步分析金融发展通过行业外部融资依赖影响具体的内生生产要素的情况，所以本书构建了以融资依赖作为联系，金融发展通过影响资本累积和技术进步两种渠道或者机制促进行业产值增长的实证模型。

第四，在实证分析金融发展与经济增长的关系上，基于工业行业视角，对金融发展的替代变量采用存款/GDP和贷款/GDP，并估计了相对应了私人信贷水平指标，并对融资依赖的替代变量使用债务/资产和存货/销售产值，并在回归分析中采用系统广义矩估计法分别实证检验这些替代变量的显著性以及解释能力。

第五，针对新常态经济和深化供给侧结构性改革的时代背景，以及我国金融发展的现状，结合实证分析结果，对如何通过金融发展推动"供给侧

前　言

结构性改革"提出了相关的建议。

本书的主要研究结论：

第一，使用拉詹和津加莱斯（1998）的方法，采用省级工业行业面板数据，使用系统广义矩估计方法（系统GMM），实证结果显示，金融发展总体上对经济增长具有显著的促进作用。随着金融发展，外部融资依赖更强的行业实现了更快的成长，实现了更高的产值增长。金融发展通过加速具体行业的资本累积以及提高行业的技术进步两个内生变量促进了经济的增长。分区域的比较分析结果显示：金融发展对金融发达地区的经济增长、资本累积以及技术进步有更强的促进作用。

第二，金融发展指标中，本书采用了6个金融发展指标：金融中介发展中的存款/GDP、贷款/GDP和两者对应的私人信贷指标1、私人信贷指标2，以及证券市场发展中股票市值和债券交易值进行实证分析。实证结果显示：金融中介的四个指标在解释金融发展对经济增长的促进作用中都有显著的解释能力，但是私人信贷指标的解释能力更强，更加适合于说明我国金融发展的真实情况。证券市场的两个指标在解释金融发展促进经济增长虽然相对显著，但是解释能力有限。

第三，外部融资依赖指标中，短期指标：存货/销售在三个回归中都非常显著，说明在金融发展促进经济增长以及金融发展促进经济增长的两个主要路径中，都具有显著的说明能力，存货/销售在行业层面作为外部融资依赖的替代变量是更加恰当的。金融发展对我国外部融资依赖更强的行业的成长提供了更大的支持，并且外部融资依赖越强，金融发展通过资本累积和技术进步两个渠道促进具体行业产值增长的能力就越强。

第四，我国目前金融发展促进经济增长主要是通过资本累积和技术进步两者共同作用来实现的。结合回归结果，考虑到目前我国资本对经济增长的贡献能力过高，并且有进一步增加的趋势，可以认为我国目前金融发展通过促进资本累积的方式促进经济增长的能力更为强劲。

感谢宁波财经学院的领导和同仁对本书出版的支持和帮助。感谢经济科学出版社的编辑们在此书出版过程中给予的支持和帮助。

目　　录

第 1 章　绪论 ··· 1

 1.1　研究背景及意义 ··· 1

 1.2　研究内容、方法和技术路线 ······································ 5

 1.3　相关概念的界定 ··· 8

 1.4　创新点以及不足 ·· 10

第 2 章　金融发展与经济增长文献综述 ·································· 12

 2.1　早期金融发展理论与经济发展演变 ···························· 12

 2.2　金融发展理论的发展与经济增长 ······························· 15

 2.3　金融发展与经济增长的新进展 ·································· 23

 2.4　本章小结 ··· 36

第 3 章　金融发展促进经济增长的理论分析 ··························· 37

 3.1　基于全要素增长的金融发展模型构建 ························· 39

 3.2　金融发展、资本累积和经济增长 ······························· 42

 3.3　金融发展、人力资本累积和经济增长 ························ 46

 3.4　金融发展、技术创新和经济增长 ······························· 52

 3.5　金融发展、融资依赖与经济增长 ······························· 58

3.6 本章小结 ······ 62

第4章 中国金融发展与经济增长特征描述 ······ 63

4.1 中国金融发展的特征描述 ······ 63
4.2 中国经济增长及内生因素描述 ······ 81
4.3 本章小结 ······ 95

第5章 中国金融发展促进经济增长实证分析 ······ 97

5.1 计量模型的构建 ······ 98
5.2 变量的选取以及数据的处理方法 ······ 102
5.3 实证分析结果 ······ 109
5.4 实证结果总结 ······ 125
5.5 本章小结 ······ 127

第6章 结论与政策建议 ······ 129

6.1 结论 ······ 129
6.2 相关的政策建议 ······ 132

附录 ······ 136

参考文献 ······ 148

第 1 章

绪　　论

1.1　研究背景及意义

改革开放之后，我国的经济一直保持着稳定高速增长，但是自 2012 年后，我国的主要经济指标出现了明显的背离，GDP 增长速度明显放缓，并且增长速度呈现出持续下行的趋势，在此背景下，我国政府提出了经济新常态的概念，并且为了保证在新常态下的经济增长稳定，提出了供给侧结构性改革，并进一步在 2017 年提出了深化供给侧结构性改革的一系列指导政策，明确指出金融系统的改革是供给侧结构性改革的重点，并提出了以金融系统改革调整资源配置，优化传统产业升级、培养先进制造行业的指导方针。金融发展对工业行业产值增长的促进机制以及促进程度是金融系统改革深化供给侧结构性改革的前提与基础，所以探讨金融发展对我国工业行业促进程度以及作用机制具有一定的理论意义和实际意义。

1.1.1　研究背景

改革开放之后的 30 多年中，我国的经济一直处于高速增长的状态，伴随着高速的经济增长，我国早在2006年就步入了中等收入国家的行列，名义GDP总量更是在2010年以5.75万亿美元一举超越日本，跻身全球第二大经济体，亚洲第一大经济体。2013年，我国进出口总额为4.16万亿美元，超过美国的3.85亿美元，成为世界第一贸易大国，与世界120多个国家的地区建立贸易伙伴关系。2017年，我国GDP为12.25万亿美元，比照同年美国GDP总值的19.38万亿美元，虽然还具有一定的差距，但是考虑到2017年我国的GDP增长率为6.9%，而美国为2.3%，[1] 我国的经济增长速度或可超越美国。

但自2012年开始，我国的GDP增长率为7.9%，[2] 与之前相比出现了持续且缓慢下行的态势，回顾之前30多年的改革，经济增长的趋势放缓是经济改革中存留的大量问题多年累积的体现。首先，20多年的人口红利所带来的充足的劳动力供给以及高储蓄率迎来拐点，与之对应的人口老龄化问题越加凸显，2012年人口老龄化水平为14.3%，2017年60岁以上人口比例上涨到17.3%，人口老龄化预计将以每年0.2%的速度上涨，至2050年达到顶峰，[3] 这为我国经济增长带来了巨大的压力，甚至部分地区出现了"未富先老"的局面。

伴随着GDP增长的下行，我国的主要经济指标也出现了明显的背离，居民收入增加而企业利润下降；消费上升而投资下降。国民储蓄率从1992年的39%上涨到2012年的59%，而上涨的部分全部来自企业和政府，居民储蓄率没有发生变化。传统行业中的钢铁、水泥、船舶、煤炭产能严重过剩，使用率不足30%，而盈利能力较强的石化、电力、通信、煤炭中的大

---

[1] 中国新闻网. 中国2013年成为世界第一货物贸易大国［EB/OL］.（2014-03-01）［2022-12-27］. https://www.chinanews.com.cn/gn/2014/03-01/5898443.shtml.

网易新闻. 中美20年经济对比：如今中国的GDP总量，相当于哪年的美国？［EB/OL］. 2019-12-01［2022-12-27］. https://www.163.com/dy/article/EVBCCEBE0517QV7B.html.

[2] 汇通财经. 国家统计局：2012年GDP增长速度修订后为7.9%，此前为7.7%［EB/OL］.（2016-07-05）［2022-12-27］. https://news.fx678.com/201607051411052177.shtml.

[3] 人民网. 首部老龄事业发展蓝皮书发布 今年老年人口将突破两亿［EB/OL］.（2013-02-28）［2022-12-27］. http://finance.people.com.cn/n/2013/02-28/c1004-20625149.html.

中国新闻网. 全国60周岁及以上老人人口逾2.4亿 占总人口的17.3%［EB/OL］. 2018-08-18［2022-12-27］. https://www.chinanews.com.cn/cj/2018/08-18/8603731.shtml.

型国有企业对全体公民利润分配较低。至 2012 年末，在金融系统的资本配给方面，国有企业债务水平占总债务量的 80%，民营企业占 20%，同时我国企业负债与 GDP 之比已经超过了 120%，远远高于危险标准的 90%。[①]

基于经济增长新常态中存在的问题，为了进一步深化我国的经济改革，2015 年末，我国政府首次提出了供给侧结构性改革的概念。在 2017 年，党的十九大报告明确提出了"深化供给侧结构性改革""加快发展先进制造业""支持传统产业优化升级""培育若干世界级先进制造业集群"的指导意见。而金融是供给侧结构性改革的重要方面，金融作为现代经济的核心，除了本身就具有高附加值、高贡献率的特点，更是调节实体经济重要手段，供给侧结构性改革要求金融系统提供更加贴合实体的服务能力以及产品种类，但是与经济水平以及贸易规模相比较，我国的金融发展水平滞后以及金融发展不对称性问题非常明显。

在我国，金融系统是以银行业为基础的，截至 2017 年末，国内银行的资产规模超过了 250 万亿元，占总体资产的 70% 以上，[②] 但是近年来，以大型国有商业银行为主体的金融中介体系的资产增长速度放缓，银行净利润增长放缓，甚至银行营业网点和从业人员数量出现负增长，同时银行业不良资产率较高，而贷款流转中流动资产贷款周转和固定资产周转速度过低，导致了银行信贷能力低下，进一步削弱了银行业的偿还能力、对信贷方向的把控能力以及对重点企业的支持能力。不良资产过高同时导致了欠息问题严重，削弱了银行业的利润水平。与此同时，政府过度干预以及银行监管成本等问题导致了贷款更多流向房地产市场。我国的证券市场自 1990 年至 2017 年经历了多次的大幅波动，其中 2007 年最大增幅 265.9%，2008 年最大跌幅 62.9%。虽然无论是股票市值还是股票流通值年均增长都在 30% 上下，[③] 但是不能否认我国的证券市场机制目前依然不够成熟，而上市企业的质量也有待商榷，融

---

① 资料来源：2013 年《中国统计年鉴》。
② 新浪新闻. 中国银行业资产规模首次突破 250 万亿元 [EB/OL]. (2018 – 02 – 09) [2022 – 12 – 27]. https://news.sina.com.cn/c/2018 – 02 – 09/doc – ifyrkrva6089648.shtml.
③ 资料来源：2006~2008 年《中国金融年鉴》。

资能力较差，股市缺乏财富效应，众多投资者难以分享到经济增长的红利。同时我国股票市场存在过度投机现象，主要体现在我国股票市场的换手率过高、持有性较低。这虽带来了一定的市盈率的增加，但是也导致了投资风险的增长，混淆投资者的价值判断，影响股市的正常运转。加之上市公司的监管以及披露制度不够完善以及对上市公司增发股票缺乏约束，首次公开发行（Initial Public Offering，IPO）募股更加倾向于融资者，普通投资者信息不足等都严重约束了股票市场的健康发展，更无法有效地服务实体经济。比照2008年国际金融危机之后至2017年期间，国际房地产行业普遍不景气的局面下，日本的股票市场上涨了约3倍，这为我国在房地产市场趋于稳定后，股票市场的发展如何成为经济增长的新的支点提供了一定的参考。

  针对目前金融系统存在的问题，我国开始稳健推动民营资本迅速涌入银行系统，2014年5家民营试点获批，2016年增加至16家。[①] 民间资本进入银行业机构，促进了银行业体系的多样化的发展，丰富了资本市场的层次，使金融市场的发展更加多元化，提升了银行业整体竞争力。同时互联网金融发展非常迅速，自2011年我国P2P网贷兴起，2010~2017年，网贷平台的数量由10家增长到1931家，成交额由31亿元增加到28048亿元。[②] 同时，混业经营的推进使银行可以通过子公司参与证券市场，为股票市场的健康发展提供了一条可行之路。

1.1.2 研究意义

  稳定经济增长新常态、深化供给侧结构性改革，要求我国的金融系统在实现资本有效配置的前提下，兼顾先进制造行业和传统优势行业的资本倾斜，使我国政府可以通过有效的货币政策实现对经济结构的调整，实现产业的优化升级，为经济增长提供长效健康的经济环境，保证我国经济在未来依然可以实现相对较高而且稳定的增长。

---

①② 资料来源：Wind 数据库。

1. 研究的理论意义

（1）明确金融发展对经济增长的影响，结合我国金融发展特征，在内生增长框架下，探讨金融发展对我国工业中的具体行业产值增长影响的理论机制。

（2）分析和评价众多的金融发展的替代变量以及融资依赖的替代变量在我国金融发展和经济增长之间关系的解释能力，筛选更加适合我国相关问题研究的替代变量。

（3）在评价金融发展对经济增长的促进能力的同时，分析在行业层面，金融发展如何通过具体的内生生产要素作用于经济增长的显著性水平。

2. 研究的现实意义

（1）在深化供给侧结构性改革的时代背景下，研究金融发展影响工业中具体行业产值增长的显著程度，为金融系统调节我国制造业和传统优势工业行业的有效性提供实证分析支持。

（2）通过引入行业外部融资依赖的概念，将金融发展和经济增长这个宏观问题与微观实际情况联系，考察在金融发展的过程中，我国的工业行业的外部融资依赖程度的高低与产值大小之间的关系，实证分析我国金融发展通过影响外部融资依赖促进具体行业产值增长的情况。

（3）在以工业中具体行业为视角进行研究时，本书研究了金融发展通过影响哪些内生增长要素促进了经济的增长，并实证分析金融发展通过这些生产要素促进经济增长的显著程度，为深化供给侧结构性改革中以金融服务调整信贷倾向促进制造业优化升级提供一定的依据。

1.2 研究内容、方法和技术路线

1.2.1 研究内容

本书在回顾之前学者研究金融发展与经济增长这个问题的基础上，对现

有的文献进行了全面的梳理和总结,在此基础上进行了以下研究:

(1)在内生金融的框架下,将金融发展纳入到全要素生产模型中,并对金融发展促进金融发展的渠道进行了理论分析,在梳理现有研究文献的基础上,论证了金融发展通过影响具体的内生增长要素促进经济增长的机制。

(2)对我国金融发展以及经济增长情况在整体上以及以各省份为单位进行了特征描述,对我国金融市场规模的变化、金融结构的变化进行了分析,并对金融发展影响经济增长的内生要素:资本积累、人力资本积累以及技术研发三者与经济增长之间的关系进行了分析。

(3)在内生增长框架下建立工业行业视角下金融发展促进经济增长方程,以及金融发展通过影响具体的内生要素促进经济增长的方程,并实证分析我国金融发展对经济增长的贡献程度,以及金融发展通过具体的生产要素促进经济增长的程度。

(4)对金融发展和融资依赖选取适当的替代变量,并通过实证分析的结果评价这些替代变量在方程中的解释能力。

1.2.2 研究方法和技术路线

本书的研究在规范分析和实证研究相结合的基础上,首先进行了理论分析,其次进行了数理分析,再次进行了实证分析,最后取得相应实证结果的方式,分析了金融发展对经济增长的促进作用和具体促进渠道。

(1)通过理论分析,回顾、梳理现有文献,研究金融发展与经济增长之间所存在的因果关系、非线性增长等问题进行了归纳总结。

(2)理论结合实际,通过对我国金融发展和经济增长现状的分析,在内生增长的框架下,分析金融发展对我国经济增长的具体影响因素。

(3)采用行业面板数据,使用行业外部融资依赖作为交叉项以及增加控制变量的方式克服数据波动对回归结果的影响,采用系统广义矩估计动态分析方法。分析金融发展对经济增长以及促进经济增长渠道整体影响和区域比较。

研究技术路线见图1-1。

第 1 章 绪 论

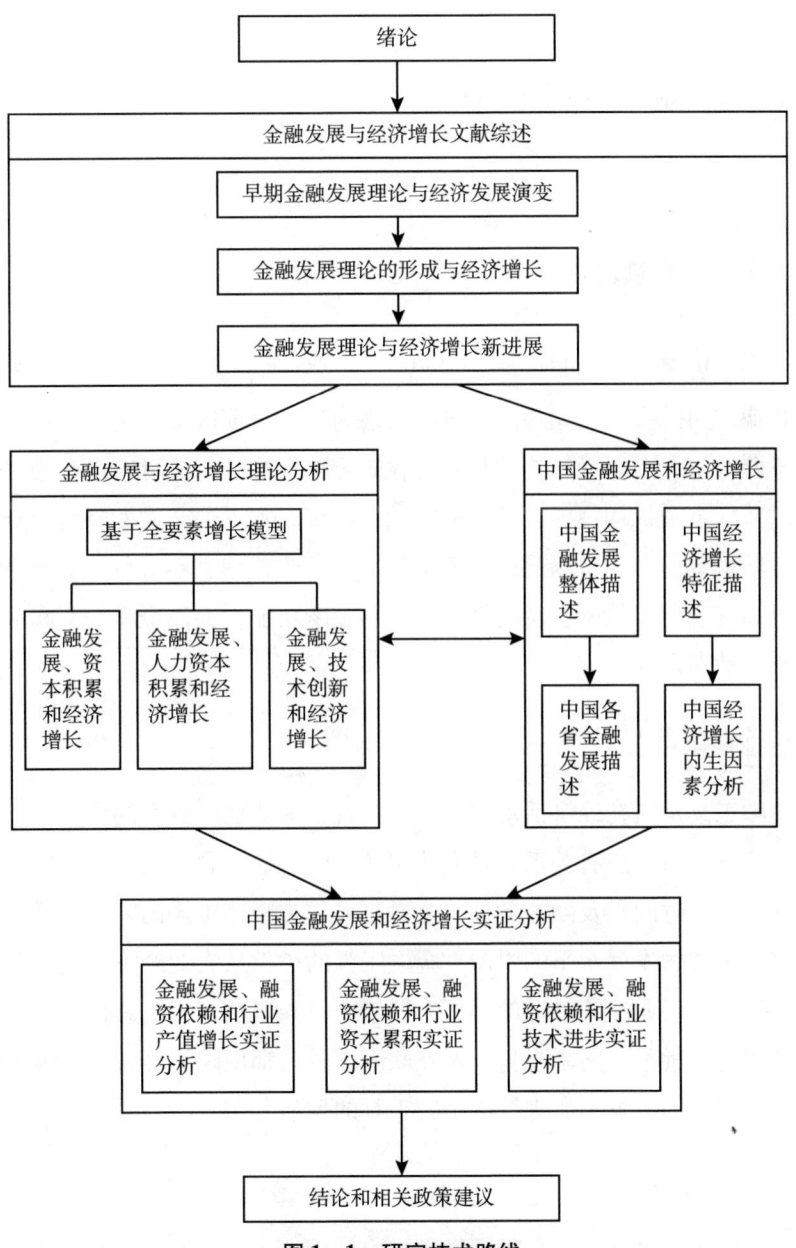

图 1-1 研究技术路线

1.3 相关概念的界定

1.3.1 金融发展

戈登·史密斯（Goldsimth，1969）认为金融发展是指金融结构在短期或者长期之内的变化，这种变化可以表现为连续时期内金融交易总量的增减以及不同时间点上金融结构的相对变化。金融结构的变化可以由金融工具数量的增减、金融机构规模、性质的变动来体现。本书的金融发展是指金融工具、金融系统、金融市场通过降低交易成本、改善信息不对称、缓解融资约束、提高资金配置效率，从而提高和完善金融功能，提高金融效率和促进经济增长的动态过程。

1. 金融工具

金融工具是指在经济活动中，为了实现金融功能，资金的借贷双方签发的证明债务关系或所有关系的具有法律效力的凭证，它一般约定了借贷双方融资的金额、时间以及融资条件。金融工具作为金融市场的客体，受到经济发展水平和金融发展水平的限制，金融工具的种类从农业经济时期简单银行支票、汇票到工业经济时期的票据、股票、债券以及衍生工具，以及信息经济时期的电子货币、网络支付以及互联网金融，都反映了金融行业为了满足经济水平发展的需要，所进行的金融工具的创新。

2. 金融机构

金融机构是金融系统的主体，金融工具的主要持有者。本书为了研究方便，将金融机构分为银行类金融机构和非银行类金融机构，银行类金融机构主要构成有：中央银行、商业银行、政策性银行、农商银行（信用合作社）；非银行金融机构主要构成有：证券公司、保险公司。

3. 金融市场

广义的金融市场是以金融的客体金融工具为交易对象，金融的主体如金融机构、自然人、企业、政府机构作为资金的供给者或需求者，以价格机制进行调节，形成的金融交易及关系的综合体。金融市场可以是有形的，也可以是无形的。本书认为金融市场的主体对金融发展具有决定性的意义，其直接影响金融客体的数量和质量，也影响着金融市场的深度和广度。

1.3.2 经济增长

经济增长一般被认为是一个国家或者地区在一定的时间内所产生的实物产品和无形服务的增加情况，经济的增长往往是一个国家经济处于景气状态最宏观的体现，它使一个国家财富得以增加并创造出更多的就业机会，一般上以国民生产总值（GNP）和国内生产总值（GDP）来进行具体的测度，或者以人均 GNP 或者人均 GDP 的增加来体现。虽然对经济增长的含义，学者基本上保持了一致的认知，但是在不同的经济发展理论流派中，对促进经济增长的要素却因当时经济发展水平以及认识程度的深浅有着不同的见解。

本书涉及的经济增长由于研究角度的问题，在实证研究阶段，将经济增长界定为一段时期内一个地区的工业行业产值的总和。在以各个省、直辖市的工业行业为研究对象时，工业的总产值即为所有工业行业的产值之和，所以在实证分析部分中，工业行业产值的增长即为经济的增长。

古典经济增长理论中，斯密认为促进经济增长的重要因素是劳动的分工和劳动力人口的增长；李嘉图、哈罗德、多马认为经济增长的关键是资本的累积；哈罗德、多马认为经济增长的唯一要素是资本持续投入。新古典经济增长理论中索罗和斯旺首次将技术进步作为一个外生因素，解释了资本和劳动力两种要素不能完全解释经济的增长的部分。萨缪尔森和托宾在索罗—斯旺模型基础上，认为不存在外生的技术进步要素时，经济增长将趋于收敛；

内生经济增长理论中，阿罗、罗默、卢卡斯分别从人们的学习和知识获取、知识累积、人力资本的边际效应递增的角度将技术进步内生化。

基于经济增长理论的演进，本书认为促进经济增长的内生要素为资本要素本投入、劳动力投入和广义的技术进步。在之后论述金融发展通过影响具体的内生要素促进经济增长时，认为金融发展通过影响资本累积、人力资本累积和技术创新的方式促进经济的增长；人力资本累积和技术创新又可以纳入广义的技术进步。

1.4 创新点以及不足

1.4.1 预期创新点

（1）现有的相关文献基本上都是基于宏观或者微观层次研究我国金融发展和经济增长之间的关系。本书基于中观视角，也就是在省级工业行业层次上，研究我国金融发展和经济增长之间的关系。

（2）构建了非参数估计的全要素增长方程，将金融发展纳入到模型中，并进一步通过数理分析和规范分析，论证金融发展通过影响内生生产要素促进经济增长的机制。

（3）拓展了拉詹（Rajan）和津加莱斯（Zingales）在1998年发表的《金融依赖与增长》中的数理模型，主要体现在两个方面：一是我们认为一个国家的不同省份的行业由于区域差异必然导致其所面临的外部融资依赖有一定的差异，所以在行业的产值增长受到具体行业的外部融资依赖和本地区的金融发展相互影响的机制中，将行业外部融资依赖变量加入了区域的因素。二是拉詹和津加莱斯（1998）在采用融资依赖作为链接金融发展和具体行业产值增长进行回归时，并没有进一步分析金融发展通过行业外部融资依赖影响行业产值增长的具体生产要素的显著性的情况，所以本书构建了以融资依赖作为链接，金融发展通过影响资本累积和广义技术进步两种渠道或机制促进行业产值增长的模型。

（4）在实证分析金融发展与经济增长的关系上，基于行业视角，对金融发展的替代变量采用存款/GDP和贷款/GDP，并估计了相对应的私人信贷水平指标以及证券市场的两个替代变量：股票市场发展以及债券市场发展；对融资依赖的替代变量使用债务/资产和存货/销售产值，并在回归分析中采用系统广义矩估计方法分别实证检验这些替代变量在总体上以及分区域的显著性以及解释能力。

1.4.2 不足之处

（1）在内生增长框架下，本书论证了金融发展通过影响资本累积、人力资本累积、技术创新三个渠道或机制促进了经济的增长，但由于我们使用的是省级的工业行业面板数据，所以，难以获得相对应的省级分行业的人力资本累积以及技术创新对应的替代变量。由于在全要素的模型中，可以将除了资本要素以及劳动力要素之外的因素归结为全要素增长，也就是广义上的技术进步，所以实证分析部分只分析了金融发展通过资本累积和广义的技术进步促进经济增长的程度，而缺乏金融发展通过人力资本累积和技术创新影响经济增长的实证分析。

（2）本书参考拉詹和津加莱斯（1998）的思路，认为金融发展可以促进经济增长的前提是存在必要的途径或渠道，区别于源发文章采用倍差法（横截面数据）的回归方式，我们采取了系统广义矩估计的动态实证方法，进行了总体和分区域的比较分析，但是由于数据样本的时间段较短，没有进行分时期的比较分析。

（3）本书的研究仅仅是通过外部融资依赖作为交叉变量，对金融发展与经济增长间在总量和经济增长内生要素两个领域进行了相关的研究，但是对于目前金融发展问题中的影子银行、民间金融对经济增长的不利影响，由于省级数据获得困难，作者水平有限，我们没有办法详尽论述。

第 2 章

金融发展与经济增长文献综述

本章系统论述了金融发展与经济增长理论相关研究,首先简略梳理了早期金融发展与经济增长理论的历史演变,在这部分中,早期的金融发展理论在理解金融系统对经济的促进机制上非常模糊、片面。其次,在随着金融发展理论的逐步形成,尤其是内生金融理论的建立,终于使金融发展对经济增长的促进方式得到了深化和基本一致的认知。再次,着重分析了在内生金融发展理论建立后金融发展与经济增长相关研究的进展:这部分主要通过论述金融中介和证券市场的发展与经济增长的因果关系;金融发展与经济增长的非线性增长;与国外研究情况相比较,我国目前金融发展与经济增长研究的发展由于研究方法和数据样本的选择,研究结论并不统一。

2.1 早期金融发展理论与经济发展演变

2.1.1 早期的金融理论

金融作为经济发展的一个必要的要素,最早见于柏拉图的社会分工论和亚里士多德关于商品交换与货币的学说。亚里士多德在《政治学》与《伦理学》两论著中，就提及了货币作为交换媒介的职能。与古希腊先哲将经济问题纳入哲学范围不同，16~17世纪盛行的重商主义首次将包含货币的金融问题作为一个单独的范畴进行研究。重商主义认为"货币天然是金银"，贵金属的多少是一个国家富裕的基本体现；实现国家富裕的唯一手段就是贸易顺差，从而获得其他国家贵金属的流入。重商主义虽然认识到了货币在经济循环中对现实经济的影响，但是对货币和经济两者内在关系却没有过多的研究。

古典经济学派的杰出代表亚当·斯密认为，银行业的发展促使货币与金融活动产生了更加紧密的联系，这种联系对经济发展起到了至关重要的作用。但是斯密却错误认为金融资本的增加对一国的经济增长没有促进的作用。大卫·李嘉图认为银行以纸币替代贵金属货币可以降低货币的流通成本，可以降低一个国家非生产性资本，从而增加生产性资本的比重，促进经济的增长。

约翰·穆勒在其著作《政治经济学原理》中，比较全面和系统地论证了信用的功能和性质。他认为银行只具有信用媒介的作用，并没有认识到其还具有创造信用的作用。他认为信用虽然不是生产力，但却是一种购买力。他首先提出了信用和物价之间的关系，认为物价的大幅下跌是信用收缩造成的，并认为货币是通过影响物价的方式影响实体经济。

2.1.2 货币经济理论

1898年瑞典经济学家维克塞尔（K. Wicksell）的《利息与价格》问世，标志货币经济理论的建立，米尔达尔（G. Myrdal）以及凯恩斯（J. M. Keynes）、米尔顿（Milton Friedman）等之后的研究支持维克塞尔的观点；但是以上学者的研究针对的是货币与经济活动短期关系，熊彼特（J. A. Schumpeter）针对以上学者的研究，从长期的角度对两者的关系进行了比较全面的论述。托宾（J. Tobin）在消化吸收凯尔斯相关观点的基础上，认为可以通过金融系统对利率和通胀进行调节，刺激经济的增长，但是其观点在发展中国家制定经济发展政策时却对金融发展产生了一定的抑制作用。

1. 维克赛尔的货币经济理论

1898年瑞典经济学鼻祖维克塞尔的著作《利息与价格》问世,通过短期货币与经济之间关系的研究,将货币和实际经济结合起来。但是其研究对两者之间的长期关系没有系统的阐述。维克塞尔将时间因素引入了传统的货币数量学说,他认为货币和实体经济是一体的,正是货币对经济的具体作用才促使经济活动随时发生变动。米尔达在维克塞尔的基础上,认为金融对经济的调节作用是通过货币供给与物价水平双向作用实现的,金融机构可以在基础货币量既定的情况下通过货币流通速度的变化实现货币的有效供给。

2. 凯恩斯的货币需求理论

凯恩斯1930年出版的《货币论》,以及1936年出版的代表性著作《就业、利息与货币通论》中,对其导师马歇尔所持有的货币数量论进行了拓展。在《货币论》中,凯恩斯认为货币的投资需求以及流动性偏好在长期内对经济增长产生了影响。米尔顿·弗里德曼在凯恩斯的基础上,采用消费者需求和选择理论分析货币需求,扩大了资产的范围,认为货币是债券、股票以及实际商品的替代品;并且考虑到了货币收益率等问题,对凯尔斯的货币需求理论进行了一定程度的补充和扩展。

3. 熊彼特（J. A. Schumpeter）的经济发展理论

美籍奥地利经济学家约瑟夫·熊彼特在货币经济理论的基础上,侧重货币金融和经济发展之间的长期关系,在1912年出版的《经济发展理论》,其理论着重论述了在经济欠发达的国家和地区,金融活动基础依然是银行信用,银行系统是金融系统的主体和基石,对经济的发展具有重大的作用。

4. 托宾的货币增长理论

20世纪30年代至50年代中期,英国经济学家哈罗德（R. F. Harrod）、美国经济学家多马（E. D. Domar）相继提出了经济增长理论，美国经济学家索洛（R. M. Solow）等对哈罗德—多马资本增进型模型进行了修正，提出了索洛劳动增进型经济增长模型。美国经济学家托宾（J. Tobin）为了弥补了前两个实物增长模型中货币资本对经济增长作用机制的不足，1965年发表了《动态总体模型》，次年又发表了《货币与经济增长》，他认为在经济增长框架中，货币是非常重要的因素。托宾认为在经济增长中，个体的消费和储蓄受到货币因素的影响，随着货币持有的增加，人们的消费比例减少而储蓄比例增加，对经济增长产生影响。

2.2 金融发展理论的发展与经济增长

2.2.1 金融发展理论的初步形成

1. 格利和肖的金融发展理论

1955年美国经济学家格利（Gurley J. G.）发表《经济发展中的金融方面》，1956年美国经济学家肖（Shaw E. S.）发表《金融中介与储蓄——投资》揭开金融发展理论研究的序幕。1960年，格利和肖出版《金融理论中的货币》一书，认为金融发展和经济增长之间的关系主要体现在经济增长为金融发展提供了物质基础，金融发展为经济增长提供了动力和手段[1]。随着经济的发展，金融资产涌现出各种非货币金融资产，同时金融中介机构也涌现出各种非银行金融机构。金融发展的过程就是通过金融创新克服现有金融制度中的缺陷，实现金融制度从落后到发达的演进。

---

[1] 约翰·G. 格利，爱德华·S. 肖著，贝多广译. 金融理论中的货币 [M]. 上海：上海人民出版社，1997.

2. 金融发展与经济增长的"帕特里克之谜"

休·帕特里克（Hugh T. Patrick）以经济欠发达国家为研究视角，提出需求跟进和供给驱动的金融问题。帕特里克认为一个国家或者地区金融发展对的经济复苏或者经济增长是通过"供给引导"的方式实现的，在经济衰落或者有待复苏的情况下，金融服务的供给是先于需求的；发展中国家应该采取优先发展金融的策略，发挥金融发展对经济增长中的自主影响机制。金融发展模式对早期的经济发展具有支配性的作用，实体经济对金融服务的需求是通过政府的作用实现的。而"需求拉动"适合金融发展与经济增长进一步深化之后的关系。虽然帕特里克着重考察了金融发展和经济增长之间的关系，但是对金融发展与经济增长之间的因果问题却没有给出明确的结论。虽然对于金融发展和经济增长因果关系上依然没有定论，但是供给驱动的观点占据主导。

3. 戈德史密斯的金融结构论

戈德史密斯（Raymond W. Goldsmith）是现代比较金融学的奠基人，他在1969年出版的著作《金融结构与金融发展》中认为金融发展主要是通过金融结构的发展体现出来的，戈德史密斯通过比较各国金融结构差异，认为就发展趋势而言，各国的金融发展趋势具有一致性，不仅仅是发达国家，而且发展中国家的金融发展之路也符合这个趋势。他通过分析金融结构和经济增长之间的变动关系，揭示金融发展的12条一般规律，归纳总结为四点：

一是随着经济发展水平的提高，金融机构发行和拥有的金融资产的比重在不断加大，而且金融部门在某个阶段增长快于经济增长。金融机构和金融工作呈现多样化发展。银行资产在总计资产的比例会逐渐下降。二是金融相关比率是由一国经济结构的基本特征决定的，虽然金融相关比率国别差距比较大，但是一般金融相关比率达到1.5就会趋于稳定。三是国际融资在许多国家的经济发展中发挥过重要作用，发达国家金融发展道路对发展中国家的示范亦然。四是金融制度逐渐完善，金融机构之间的竞争促进资本配置的优化，从而降低融资成本。

2.2.2 金融发展理论的正式建立

1. 麦金农和肖的金融深化理论

"二战"之后许多发展中国家出于对经济增长的渴望，开始效仿发达国家实施凯恩斯货币金融政策，干预国家金融活动和经济活动。在这样的背景下，麦金农（Mckinnon）和肖（Shaw）开始研究发展中国家的经济增长和金融发展的论题。麦金农和肖认为发展中国家普遍存在着金融抑制现象，政府往往对金融市场存在管制过度的情况，政府的货币政策和金融政策不仅仅对利率和汇率进行严格管制，导致利率和汇率水平不能真实反映国内和国际上货币的供求情形，同时也大大降低了银行的媒介功能，私人储蓄下降、投资减少，最终导致经济增长缓慢。

为了解决发展中国家普遍存在的不均衡的现象，麦金农和肖提出了金融深化理论，他们认为金融规模的扩大、金融结构的优化以及金融制度的建立健全，都可以有效实现资本配置，从而促进经济的增长，而经济的增长会进一步地增加对金融的需求。所以通过金融深化实现利率自由化以及提高金融市场的自我调节机制，就可以有效地实现货币的供给和需求的均衡，从而实现资本的优化配置，促进经济的增长。

在发展中国家，金融制度会随着经济的发展逐渐完善，创造出各种适合实际经济情况的、可以替代传统借贷的金融产品服务，这在促进非银行金融机构建立的同时，也促进了传统银行业的进一步发展。金融深化可以增加实际货币余额，提高社会货币化，从而增加货币行业服务对经济增长的促进作用，同时减少货币在借贷过程中实体经济生产环节对人力和实际资源的消耗，从而增加实际的国民收入，国民收入的增加又会增加储蓄率，形成相互促进的局面。

2. 麦金农的渠道效应和肖的债务中介论

在关于金融影响经济发展传导机制的研究中，麦金农和肖存在不同的见解。麦金农以货币与实物资本的互补性假说为前提，提出了渠道效应："为了充分动员储蓄，增加资本累积，促进经济发展，货币当局应该改善货币供给条件，提高持有货币的实际收益，使货币成为一种有吸引力的储蓄手段，从而扩大资本累积过程得以进行的这种渠道得以扩大，货币政策的这一作用过程的渠道，被称为'渠道效应'。"麦金农认为在发展中国家，普遍存在货币供给不足的局面，加之市场经济不发达造成的经济单位相互隔绝、生产水平差距较大；同时发展中国家由于金融管制，实际利率往往偏低，所以发展中国家的首要目标就是提高实际利率，刺激储蓄，为实际经济活动提供投资保障。

但是肖认为，在金融中介充分发挥作用的前提下，单独的经济货币余额与实物资本之间其实并不存在替代性，肖的债务中介论是以银行自由准入和自由竞争为前提，以内在货币作为基础的。在肖的模型中，货币主要是通过提供给私人部门的生产性贷款作为支撑的。经济的发展和储蓄总额的增加为金融中介的业务提供了更加广泛的活动范围，提高资金利用效率，实现借贷的规模经济，促进金融自由化，提高储蓄者的实际收益和提高投资效率。对于整个社会，尤其是着眼于实体经济时，实际的货币余额并不是财富的体现形式，财富是通过货币体系中的"债务"来体现的，所以货币通过债务的调节机制促进经济增长。

3. 金融发展理论的拓展

在麦金农和肖的研究基础上，卡普（1976）、马西森（1980）认为在发展中国家普遍存在固定资产闲置（固定资产与技术不可分）和劳动力剩余并存的现象。在短期内，固定资产和流动资产的比例很难发生变化，那么流动资金就成为企业实际产出的决定性因素。卡普和马西森的研究摒弃了麦金农关于实际货币与实物资本具有"互补性"的假说，通过银行系统对生产性企业提供流动资本的过程来说明金融货币对经济增长的具体影响。在发展中国家的经济发展过程中，往往很难协调经济增长和经济稳定两方面的因素。金融改革往往陷入经济增长和通货膨胀交替的困境，卡普—马西森模型强调了金融改革中保持经济增长和经济稳定的重要性，对货币政策的制定和通货膨胀的选择具有很强的指导性意义。

加尔比斯（1977）构建了一个包含先进部门和落后部门的两部门金融发展模型，假设在社会总资源固定的前提下，提高金融系统的储蓄和投资效率，就会导致资源由生产效率落后的部门流向生产效率较高的部门，实现资源的优化配置，促进经济的增长。

在两部门金融发展模型中，加尔比斯认为存在金融抑制的情况下，实际利率是低于均衡利率的，实际利率和均衡利率之间的差距造成了在投资环境中的实际供给与需求不均衡，只有提高金融系统的资本优化配置作用，使实际利率与均衡利率达到均衡，才能促进经济的增长。

弗莱（1982）发表了《金融压制的经济发展模型》，他认为投资规模与投资效率是发展中国家经济增长的决定因素之一，而这两者又在很大程度上受到货币金融因素的影响。发展中国家具有比发达国家更加丰富的投资机会，投资规模的大小更多地受到金融资本供给的限制，而在发展中国家，由于普遍存在的实际利率偏低，导致了投资效率的低下。

弗莱以稳态模型为基础，增加了适应性预期因素用来说明短暂的经济周期性波动；使用扩大的预期的菲利普斯曲线来分析通货膨胀对经济增长的影响。认为在短期内通货膨胀高于预期通货膨胀带来额外的经济增长，实际利率的提高也能带来额外的经济增长；而在长期的视角，通货膨胀会降低存款的利息率，实际货币需求和实际信贷资金减少，经济增长率下降。

综上所述，这些学者普遍认同金融抑制主要是由于严格的金融管制带来了实际利率偏低，降低投资的规模与投资效率，阻碍了经济增长。麦金农和肖以及后续学者通过大量的发展中国家的实证研究，考察了发展中国家推行金融自由化的经验和教训，补充和发展了当时的金融发展政策，提出了阻碍发展中国家金融发展的主要因素——金融抑制，以及主要解决方法——金融深化。金融深化倡导放宽金融管制,逐渐实现金融自由化,从根本上打破发展中国家存在的金融抑制问题,但是纵观金融深化理论盛行的20世纪70~80年代,许多发展中国家推行金融改革,试图实现金融自由化,但是收效甚微,甚至很多国家在推行了"金融自由化"之后出现了金融危机。

2.2.3　内生金融发展理论的创立

以麦金农和肖为代表的金融深化理论认为在发展中国家,由于金融抑制阻碍了储蓄动员和经济增长的情况,主张通过金融自由化政策来实现金融深化。众多的发达国家和发展中国家在"二战"至20世纪70年代这段期间,都取得了巨大的经济发展,为金融自由化提供了一定的经济基础,但是依然收效甚微,甚至绝大部分国家在利率自由化的过程中都出现了不同程度的金融危机。德米尔古克-昆特(Demirguc-Kent, 1998)对53个国家1980~1995年利率自由化和银行业危机的持续情况进行统计,基本只有北美和部分西欧的资本主义发达国家没有在利率自由化之后没有出现银行业危机。20世纪80年代,罗默(1986)将技术进步纳入内生经济增长模型。金和莱文(King and Levine, 1993a)、金和莱文(1993b)在其基础上摒弃了传统的金融发展理论框架,在内生经济增长理论的基础上,采用最优解方法分析金融在经济发展中的作用,创立了内生金融增长理论。内生金融发展理论的贡献主要体现在以下四个方面:

(1)金融发展模型开始关注金融系统的资源配置作用。本西文加和史密斯(Bencivenga and Smith, 1991)在罗默模型的基础上,提出了一种多重资产的内生金融发展模型,认为流动性风险会使人们选择一种流动性强但不具生产性的资产,这时的银行系统充当流动性供给的角色,人们为了回避风险而持有储蓄。金融中介机构可以通过大数定律预测存款,也就是人们持有储蓄的规模的变动,从而减少社会上不必要的资本清算,降低融资成本。本西文加和史密斯在其模型中增加了生产中的外部性因素,认为外部性影响与专门技术(expertise)相关,金融中介能够分担储蓄过程中的流动性风险,防止资本的未到期的变现问题,增加流动性低的生产性资本在储蓄者的资产结构中的比例,从而促进经济增长。

格林伍德和约万诺维奇(Greenwood and Jovanovic,1990)《金融发展、增长和收入分配》一文的发表,将金融中介的信息收集功能纳入CJ模型,认为金融中介的信息收集有助于分散投资风险、提高资金的配置效率、提高投资收益率。CJ模型说明了金融发展和对经济增长的作用机理:金融中介的信息收集有助于对投资项目的分析,将稀缺的资本在低风险、低回报和高风险、高回报项目之间进行有效的配置,通过建立有效的投资组合,实现降低风险、提高收益的目的。这个过程会提高资本的利用效率,从而促进经济增长;而经济增长使得更多的经济主体能够承担加入金融中介的成本,从而促进金融中介的发展。

CJ模型还建立了金融发展、经济增长和收入分配之间的动态关系,认为金融发展与收入分配之间存在库兹涅茨倒"U"形曲线,其研究认为个人在享受金融服务时存在一个"门槛水平"的问题,在经济和金融都不发达的时候,较少的人能享受金融服务带来的高收益,从而使贫富差距增大,在经济和金融发达的时候,享受金融服务的人数增加,从而使贫富差距缩小,最终体现为收入分配差距逐渐缩小。

(2)金融市场允许公司多样化投资组合,增加流动性,从而降低风险,刺激增长。莱文等(Levine et al.,1991)认为股票市场的发展可以在不干扰公司内部生产过程的前提下促进企业所有权的交易,企业在生产过程中,一般需要维持一个基本的资本数量,也就是流动性资产。流动性资产主要作用在于为购买原料和支付工资,所以对人力资本的累积和技术的进步没有帮助,但是作为支付工资的部分可能会影响企业中每个成员的投资行为。股票市场为成员的投资提供了良好的平台,当企业的股票被购入,企业就会获得额外资本,从而用于人力资本累积和技术创新,人力资本的创造过程是通过这种外部关联来实现的,所以健全的股票市场可以为企业生产效率的提高提供资金,而生产效率的提高也会使员工获得更多的收入,进行更多的投资行为。即使没有外部性,股票市场也可以通过降低与企业投资相关的流动性风险来鼓励企业投资和增长。

圣保罗（Saint-Paul, 1992）认为在资本市场中，代理人（agent）通过多样化来降低金融风险，当金融市场不成熟时，由于种种原因，资本的流向往往是不专业和生产率较低的技术，也就是说资本没有流向具有专业能力和产出效率高的企业，从整体层面上，资本没有得到优化配置；从微观上，资本边际产出高的企业没有得到相应货币资源。所以在金融市场不成熟时，金融服务不发达，企业的技术水平低，边际产出低。

（3）金融发展为金融中介提供了退出机制，提高了金融中介的效率。阿雷斯蒂等（Arestis et al., 2001）、卢梭和瓦希特尔（Rousseau and Wachtel, 2000）[①] 认为股票市场为投资者和企业家提供了一种潜在的退出机制。风险资本的投资在一个股票市场（equity market）得到充分运作的国家会具备更大的吸引力，风险投资者认为在成熟的股票市场上，公司进行首次公开募股（IPO）更加容易成功并获得收益。并且在获益后，成熟的股票市场的流动机制使退出变现更加容易，并为接下来的创业提供保障，利用金融市场进行融资的企业将获得更大的市场影响（the impact of the market）。同时，发达的股票市场还通过有组织的交易来提供流动资金，鼓励国际和国内投资者将其盈余从短期资产转移到长期资本市场，为企业提供获得长期资本的途径，为规模实体经济的大型项目提供资金。

股票市场的存在提供了提高金融中介效率的重要信息。对于上市公司来说，股票市场改善了从管理层到所有者的信息流动，并能迅速产生对公司发展的市场评估。随着企业越来越多地将经理人的薪酬与股价表现挂钩，一个深度的股票市场可能也会激励经理人对高风险、高回报的项目上更加勤勉。股票市场对公司资产的估值为企业资产的价值提供了基准，为其他企业和投资者行为提供参考，从而提高企业资产的整体深度和效率。

（4）金融市场的发展也促进了创业和新技术的专业化。格林伍德和史

---

① Rousseau P. L., Wachtel, P. Equity market and growth: Cross-country evidence on timing and outcomes 1980–1995 [J]. *Journal of Banking and Finance*, 2000, 24 (2): 1933–1957.

密斯（1997）认为金融市场促进经济增长是通过将资源分配到经济系统中社会回报最大的企业来实现的。金融发展为资本配置进行指导，提供的风险分担机制，将储蓄重新配置为更有成效的投资。金融市场的形成会使企业专业化得以加强。随着生产技术的不断进步，企业往往需要越来越专业化的投入，并生产出更加专业化的产品。企业利用这些专业化的技术进步满足市场需求，为实体经济提供更加专门的产品和服务。

2.3 金融发展与经济增长的新进展

2.3.1 金融发展与经济增长的因果关系

自从戈登史密斯（1969）使用35个发达国家和发展中国家的样本数据，实证检验结果显示两者存在显著的正向关系之后，大多数研究基本上使用了两种不同的方法来衡量金融发展及其对经济增长的作用：金融中介或股票市场。长期以来，传统观点一直支持以供给为导向的论证，即金融部门的发展是先于实体部门的发展。到目前为止，关于金融增长关系的文献有三种观点。

第一是金融发展促进经济增长，即"供给驱动假说"；第二是经济发展促进经济增长，即需求跟进假说；第三是两者具有相互促的作用，即双向因果假说。其中供给驱动假说占据主流位置，获得了更多学者的认可和支持。

1. 金融发展促进经济增长

供给驱动假说认为供给主导的金融将通过改善现有资本存量的构成、在各种替代用途之间有效地分配新投资、通过鼓励增加储蓄和投资来提高资本形成率，从而对资本产生积极影响。因此，根据目前最高的投资回报率，以供应为主导的金融通过将稀缺资源从储户转移到投资者来刺激经济发展。

(1) 金融中介发展促进经济增长。

支持金融中介促进经济增长的研究开始较早，如麦金农（McKinnon，1973）、肖（Shaw，1973）、金和莱文（1993）等的研究。卢梭和瓦希特尔（1998）、法蒂玛（2004）、沙布利和马吉德（Shabri and Majid, 2008）、奥德希安波（Odhiambo, 2009a）、恩沃萨（Nwosa, 2011）、侯塞因等（Hussain et al., 2012）等的研究都是以单独或者众多的发展中国的数据为研究样本，他们的研究虽然基于不同的计量方法，但是都得出了两者之间具有显著的短期关系。

在发展中国家样本比较研究中，敖德多昆（Odedokun, 1996a）利用71个发展中国家的数据，敖德多昆（1996b）利用81个发展中国家的横截面数据；（Chistopoulos and Tsionas, 2004）对10个发展中国家利用面板数据的单位根检验和协整检验都得出信贷体系对经济增长的显著作用。阿基诺等（Akinlo et al., 2010）运用向量误差修正（VEC）模型、艾哈迈德和瓦希娜（Ahmed and Wahid, 2011）利用面板数据协整分析和动态时间序列建模方法也得到同样的结论。在发达国家与发展中国家样本比较研究中，贝克等（Beck et al., 2000）使用63个国家的数据动态面板数据，发现尽管资本积累和储蓄率的结果并不显著，但银行对实际GDP和要素生产率总增长具有很强的因果影响。莱文等（Levine et al., 2000）对71个国家1960~1995年期间的数据，利用流动负债占GDP的比例作为金融指标进行研究，贾利连和柯克帕特里克（Jalilian and Kirkpatrick, 2002）利用银行存款资产作为金融发展的替代变量，都支持了金融中介促进经济增长的结论。

(2) 股票市场促进经济增长。

最早阿雷斯蒂和黛米泰斯（Arestis and Demetriades, 1997）利用股票市场资本化比率和股票市场发展指数，发现股票市场对经济增长的单向因果关系。莫里斯等（Morris et al., 2002）利用19个国家和中国的季度数据，利用股市指数作为金融发展的代表，发现股票市场的发展促进了经济发展。贝克和莱文（2004）使用40个国家的面板数据，利用周转率、交易价值和市值作为股票市场发展的替代变量，发现股票市场对经济增长具有积极的影响。

阿雷斯蒂（Arestis et al.，2005）使用股票市值作为金融发展的替代变量，使用时间序列数据，发现了金融带动经济增长的证据。阿德贾西和比克佩（Adjasi and Biekpe，2006）使用市场资本化、股票交易总值和周转率作为股市发展的指标，在动态面板数据建模的基础上研究股票市场发展对经济增长的影响；阿基诺和阿基诺（Akinlo and Akinlo，2009）通过自回归分布滞后检验发现从股市发展到经济增长的因果关系占主导地位。宗等（Choong et al.，2005）、黛布和慕克吉（Deb and Mukherjee，2008）、大泽聪等（Osuala et al.，2013）、巴亚尔（Bayar et al.，2014）分别以单个发展中国家为研究对象，也得到了金融市场发展对经济增长的单向因果关系的证据。

还有一些研究考察了这两个市场同时对增长的影响。贝克和莱文（2004）、莱文和泽尔沃斯（Levine and Zervos，1998）表明股票市场和银行对经济增长都有积极影响、信贷和股市都能促进经济增长，但银行体系的积极作用更为强大，程（Cheng，2012）、吴等（Wu et al.，2010）认为两者都对经济增长具有巨大的作用。

2. 经济增长促进金融发展

需求跟进假说假设了从经济增长到金融发展的因果关系。帕特里克（Patrick，1966）认为，现代金融机构的创建、金融资产和负债以及相关金融服务是实体经济中投资者和储蓄者对这些服务需求的回应。因此，经济增长产生了对发达金融机构和服务的需求。相比较供给驱动假说，支持需求跟进假说的学者相对较少。

（1）经济增长促进金融中介发展。

奥德希安波（Odhiambo，2004）、阿基诺等（Akinlo et al.，2010）采用了 M2 与 GDP 之比、私人部门借贷与 GDP 之比；昂和麦克基宾（Ang and McKibbin，2007）考虑储蓄、投资、贸易和实际利率，使用 M3 与 GDP 之比，采用时间序列数据得到经济增长是银行业发展的结论。拉赫迪和姆巴雷克（Rachdi and Mbarek，2011）使用面板数据实证检验多个国家金融与增长之间因果关系，结果表明，从增长的角度看，促进作用是经济增长单向影响金融发展的。金姆等（Kim et al.，2007）使用74个国家面板数据行比较分析；使用流动负债与GDP之比、私人部门信贷与GDP之比，实证分析的结果显示经济增长是先于金融发展的。

（2）经济增长促进股票市场发展。

阿基诺等（Akinlo et al.，2009）以7个非洲国家为研究样本，通过自回归滞后模型检验，发现经济增长对股票市场的发展具有显著的长期积极影响。阿萨纳西奥斯和安东尼欧斯（Athanasios and Antonios，2012）通过一系列计量分析，认为在其研究的数据样本的范围内，经济增长单方向地促进了股票市场的发展。部分国外学者的计量结果显示经济增长通过不同的方式，单向地对金融中介和股票市场产生了作用，如单等（Shan et al.，2001）、莫里斯（Morris，2002）等分别利用向量自回归（VAR）、格兰杰因果检验，利用信贷总额和股票市场指数作为金融发展的指标，通过计量分析得到了上述结论。

3. 金融发展和经济增长具有双向因果关系

尽管供应主导假说和需求跟随假说的观点支持者较多，但部分研究的实证结果表明，金融中介、股票市场和经济增长可以互为因果。

（1）金融中介发展与经济增长互为因果。

巴塞尔米和瓦鲁达吉斯（Berthelemy and Varoudakis，1996）使用95个国家的数据，使用货币和准货币与GDP的比值作为金融发展指标，支持金融中介发展和经济增长相互促进的结论。阿基博德（Akinboade，1998）用私人信贷与GDP之比衡量金融发展，辛哈和马克里（Sinha and Macri，2001）以M1、M2和国内信贷增长率与GDP之比，发现收入与金融变量之间存在双向因果关系。阿基诺和埃格贝唐德（Akinlo and Egbetunde，2010）使用向量误差修正模型、拉赫迪等（Rachdi et al.，2011）使用面板数据进行协整检验，证明在多个国家内，两者具有相互影响。在论证了金融中介和经济增长相互影响的关系的基础上，单等（Shan et al.，2006）采用方差分解和脉冲响应方程，发现金融发展是促进中国经济增长仅次于劳动力要素的第二动力，卡尔德龙等（Calderon et al.，2003）对 109 个国家的数据进行了分解检验，认为金融深化对发展中国家因果关系的贡献大于对发达国家的贡献。金融深化通过资本积累和生产率增长推动经济增长。昂（Ang，2008）研究结果表明，金融发展通过促进私人储蓄和私人投资，促进产出增长，金融通过提高投资效率而实现更高的增长。

（2）股票市场发展与经济增长互为因果。

阿雷斯蒂和德梅特里亚德斯（Arestis and Demetriades，1997）、翰卓外恩斯等（Hondroyiannis et al.，2005）实证评估了股市和经济表现之间的关系、黛比和慕克吉（Deb and Mukherjee，2008）使用实际市值比率为股票市场发展指标、奥德希安波（Odhiambo，2011）使用格兰杰因果检验、马奎斯等（Marques et al.，2013）利用时间序列数据都得到了股票市场发展和经济增长互为因果的结论。马苏德和哈达克（Masoud and Hardaker，2012）使用 42 个新兴市场国家的数据、卡普（Carp，2012）分析中东欧国家的股市，发现了股票市场发展和经济增长在部分国家存在双向因果关系的证据。

虽然金融中介和股票市场与经济增长之间都存在单项或者双向影响，但是还有一些研究强调金融市场对经济增长的消极或微不足道的影响，主要是在发展中国家（Snigh，1997；Kar et al.，2011；Naceur and Ghazouani，2007；Narayan and Narayan，2013）。

2.3.2　金融发展与经济增长非线性关系

金融发展对经济增长存在消极影响或者影响不显著，在某种程度上与非线性有关，当然非线性问题也受到金融发展以及经济增长的替代变量的影响。目前研究非线性问题时，一般通过阈值模型（门槛效应）或虚拟变量的方式来体现。

里奥哈和瓦列夫（Rioja and Valev，2004a）使用包括了低、中、高水平金融发展的虚拟变量，认为金融发展对低的经济水平基本没有影响，对中等的经济水平具有显著而巨大的影响，而对低的和高的经济水平影响程度会降低。马斯滕等（Masten et al.，2008）对31个欧洲国家1996~2004使用带虚拟变量的GMM方法，认为金融发展对经济增长的贡献率在90%~160%时，金融发展对经济增长的影响是积极的，而高于或低于这一水平则影响不显著。斯坦戈斯等（Stengos et al.，2005）对1961~1995年间的流动负债与GDP之比和私人信贷与GDP的之比作为金融法发展替代变量也得到类似的结论。

切凯蒂等（Cecchetti et al.，2011）使用了1980~2010年18个经合组织成员的数据。他们应用具有国家固定效应的动态面板数据模型，并考虑阈值效应，对于非金融企业债务占GDP的比例进行了研究，发现超过90%的门槛会对经济增长产生负面影响。贝克等（Beck et al.，2014）研究发现，金融对增长的积极作用只有在一个临界阈值以上才会继续显现，超过这个阈值，金融对增长的积极作用就会消失。

萨马尔甘迪等（Samargandi et al.，2015）使用52个中等收入国家1980~2008年的数据样本；沈和李（Shen and Lee，2006）使用了来自48个国家1976~2001年的数据；切凯蒂和哈鲁比（Cecchetti and Kharroubi，2012）研究了1980~2009年的50个国家的数据，认为金融发展对经济增长存在非单调效应，金融和长期增长之间有一个倒"U"形的关系。切凯蒂认为私人信贷的数量为GDP的100%、银行提供给私人部门的信贷为GDP的90%的时候，就会出现拐点，估计这个拐点在私人信贷在GDP的70%~110%。陈等（Chen et al.，2014）使用一个门槛模型研究了中国金融发展与经济增长之间的非线性关系，发现金融对高收入省份的增长有较强的正向影响，但对低收入省份的增长有较强的负向影响。有学者（May Hu et al.，2019）在研究区中国的金融效率与经济增长呈非线性关系，发现金融效率只有在达到一定水平（金融门槛）时才会促进经济增长，它增加了在财政资源超过阈值时积累和分配财政资源的能力。

金融的发展和经济的增长都需要一个过程，这种非线性的关系除了和时间、经济发展水平有关之外，也有可能取决于金融发展的替代变量的使用，也有可能和具体国家的金融和经济环境是否平稳有关。

1. 金融发展对经济增长促进作用随时间递减

倒"U"形非线性效应意味着，随着时间的推移，金融产品的收益递减，这是由于在过去的几十年间，货币的供给呈几何式增长，配给给私人部门的信贷大大增加，过多的信贷配给没有获得与之匹配的经济增长。阿肯德（Arcand）等在2011年的工作论文 *Too much finance?* 中使用了一个包含私人部门信贷的二次项方程，其回归结果显示私人部门的信贷的效果随时间的推移而减弱，当然这也有可能是模型设定误差或者私人部门信贷过度增加的结果。在金融发展对经济增长的影响回归中，普遍出现了使用近期数据回归系数会比较小的现象，卢梭和瓦希特尔（Rousseau and Wachtel，2011）使用流动负债作为参考因素，发现金融发展对发展中国家的影响更大，但受时间推移的影响，1960~1989年的数据样本回归结果显示这种差异在明显下降，1990~2004年的数据样本回归结果基本没有差别。甘特曼和达博什（Gantman and Dabos，2013）等学者使用新老不同的时间跨度的数据比较研究，也得到了类似的结果。

2. 经济的发达程度对非线性的影响

经济的发达程度也可以理解为经济的异质性（heterogeneous），相对来讲，经济发达的国家和地区拥有与之相匹配的高的金融发展水平，而作为发展中国家，金融发展水平一般与发达国家相比是较低的，但是其金融发展所带的边际效用较高，金融发展也具有边际递减的特点。阿基翁等（Aghion et al.，2005）使用了1960~1995年71个国家的横断面数据，发现较低的金融发展水平趋同有效前沿（frontier）的可能性较小，而靠近有效前沿的国家则无法从金融发展中获益。摩恩和韦尔（Meon and Weill，2010）对1980~1995年47个国家的相关数据进行了分析，认为两者的关系和所在国家采取的金融措施有关。其中金融发展的替代变量使用流动负债占GDP的回归不显著，而使用商业银行资产占央行资产的比例加上商业银行资产之比的回归很显著。比较发展中国家和发达国家，两者关系一般都在不同的程度上受到国别、金融措施和经济措施的影响。

比较分析收入水平（高收入、中等收入、低收入）不同的国家受到金融发展影响的研究中，学者普遍认为金融发展对高收入国家增长的影响较小。如格雷戈里奥和吉多蒂（Gregorio and Guidotti，1995）使用了1960~1985年100个国家的数据，发现金融发展对高收入国家增长的影响相对较小。卡尔德龙和刘（Calderon and Liu，2003）使用1960~1994年109个国家的数据，发现金融深化对发展中国家的贡献更大。里奥哈和瓦列夫（Rioja and Valev，2004b）使用1991~1995年74个国家数据，发现私人信贷对中、高收入国家的增长具有显著的积极影响，而对低收入国家的影响则不显著。哈桑等（Hassan et al.，2011）使用1980~2007年168个国家的样本，发现在高收入国家私营部门的信贷与经济增长之间存在显著的负相关关系。贝克等（2012）构建了一个45个发达国家和发展中国家的数据集合，发现银行信贷业和人均GDP增长会降低经济发展速度，在长期金融中介活动增加了经济的增长并减少了波动性。金融业在其他方面的扩张，对实际实证结果没有长期影响。在较短时间内，金融部门的发展增加了高收入国家波动，而对中低收入国家影响不大。

2.3.3　中国金融发展与经济增长研究进展

比照国外学者在金融发展和经济增长的因果关系以及非线性问题上的研究结果，中国金融发展与经济增长研究进展也取得了非常显著的成绩，通过归纳和梳理，主要是在以下几个方面取得了显著的进展。

1. 金融发展与经济增长的因果关系

我国金融发展与经济增长的研究最早始于谭儒勇（1999），他使用OLS方法分别检验了金融中介和股票市场发展与经济增长之间的关系，使用银行部门存贷款与GDP的比值作为金融中介发展替代变量、股票市场市值和成交额与GDP的比值作为股票市场发展的替代变量，实证分析结果表明1993~

1998 年，金融中介在回归估计中显著为正，而股票市场不显著。在此之后，我国很多学者的研究都支持金融发展促进经济发展的结论。

谭艳芝和彭文平（2003）使用 1978～2001 年数据分析金融发展与经济增长及其因素（投资、资本累积、储蓄率）之间的关系，在国内首次使用了私人信贷作为替代变量，回归显示金融发展首先通过影响储蓄的方式增加了资本积累，资本积累通过增加资本投入的方式促进了经济的增长。赵振全和薛丰慧（2004）使用 1994～2002 年季度数据，采用对格伦伍德 – 约万诺维奇（Gereenwood – Jovanovic）模型修正后的产出增长率模型，实证回归显示金融中介的发展对经济增长具有显著的作用，但股票市场的发展对经济增长作用不明显。金融中介促进经济增长的原因是这段时间的储蓄量的上升增大的信贷规模，从而促进经济的发展。梁琪和滕建州（2006）使用我国 1952～2003 年时间数列数据，使用多元 Near – VAR 来分析消除趋势之后的金融发展与经济增长之间的关系，结论显示：经济增长促进了金融的发展，反之关系不显著。史永东等（2003）使用 1978～1999 年时间数据，回归估计的结果显示两者互为因果。

相对于两者具有显著正向关系的主流观点，也有部分实证研究的结论显示两者之间并不存在显著关系。庞晓波和赵玉龙（2003）使用 1995～2001 年金融中介和股票市场的季度数据进行协整检验，结果显示金融中介和股票市场的发展与经济增长之间的关系并不显著。沈军（2009）测算了我国金融虚拟性指标，并使用我国 2000～2007 年数据进行实证分析，认为中国金融的虚拟性开始上升，但其余金融体系的效率不存在因果关系。

也有一些研究显示金融发展在某种程度上与经济增长呈现负相关关系。如沈坤荣和张成（2004）将时间跨度分为 1951～1978 年和 1979～1998 年，并使用跨地区数据实证分析显示：金融发展和经济增长呈负相关，并认为这与这段时间我市场资金过剩、传统行业投资利润下降有关。

2. 金融发展的地区异质性

关于我国金融发展在不同地区所体现出来的异质性，所有的文献都显示了经济发展程度高的地区金融发展促进经济增长的能力较强。周立和王子明（2002）首次使用1978～2000年我国区域金融发展指标进行研究，就得到了相关结论。艾洪德等（2004）使用1980～2000年省级数据，分区域回归分析结果显示，经济相对发达地区的金融发展和经济增长呈正相关、经济不发达地区（中西部）呈负相关。王景武（2005）使用1990～2002年省级数也进行了类似的研究，只是结论认为在以经济水平进行区域划分之后，经济水平高的地区，回归的结果是两者具有相互促进的能力，而区域差异在一定程度上与政府制度安排的结果有关。韩俊才等（2006）使用1990～2002年的数据，回归结果显示经济发达的东部地区，金融发展与经济增长存在显著的正向关系，而在经济不发达地区，两者之间关系不显著或者显著为负。冉光和等（2006）使用1978～2003年省级数据，认为两者互为因果仅仅体现在经济水平较高的东部区，而经济水平较低的西部地区，仅存在金融发展促进经济增长的单向关系。王晋斌（2007）使用1978～2002年13个省份和地区的数据，采用动态GMM方法，发现在金融控制程度高的地区，经济发展和经济增长之间关系不显著或者为负；在金融控制程度低的地区，金融发展与经济增长之间表现为"中性"。

在国内关于金融发展地区异质性问题，只有唐松（2014）使用2001～2012年省级数据，通过资源配置的角度，得到了不同的结论。他通过分析不同地区的金融系统的配置能力，认为金融发展的促进作用在中西部增大，在东部却降低了。

3. 金融发展对经济增长的非线性影响

韩廷春（2001）对我国金融发展与经济增长在时间跨度上进行了分段的回归来加强方程的解释能力，实证分析表明与1918～1989年相比，1990～1999年在用资本市场替代金融发展时，促进作用出现了明显的降低，间接证明了在我国，金融发展由于诸多因素，在促进经济的增长上也存在非线性的问题。吴新生（2009）使用1980～2007年省级数据，发现金融发展随着时间的推移，对经济的促进产生了收敛性，这种收敛性也是非线性的一种体现。沈军和白钦先（2013）使用1990～2012年时间序列数据，采用结构向量自回归实证分析，认为我国金融规模和金融效率之间存在倒"U"形关系，促进经济增长需要保持金融适当规模和提高金融效率。彭俞超（2015）使用1989～2011年的样本数据，基于金融结构观点，采用GMM回归，也得到了类似的结果：随着金融市场在金融体系中占比的提高，其对经济增长的影响呈倒"U"形。张亦春和王国强（2015）使用1992～2012年省级数据，在区域层面也得到了两者非线性关系的结论。黄宪、黄彤彤（2017）使用省级数据，分析我国金融发展的问题，GMM实证结果显示，金融发展对经济增长存在非线性的影响，金融市场规模超过实体部门，则会阻碍经济的发展。李健和盘宇章（2017）使用1998年至2014年省级数据，将金融发展纳入全要素增长模型中，也得到了相同的结论，并且他们进一步认为这是金融部门与实体部门在发展上存在不对等造成的。

4. 金融发展对经济增长的门槛效应

孔东民（2007）使用门槛回归模型研究我国1952～2004年期间的数据对两者进行研究时发现，金融发展只有在通胀率较高的时期才对经济增长有明显的促进作用，通货膨胀率较低则影响则不显著。赵振全（2007）认为我股票市场的发展对金融发展造成了门槛效应，金融发展对经济增长的影响呈非线性；金融中介的发展对经济增长有显著的促进作用，股票市场的发展则不显著。张珂等（2009）使用1978～2003年中国28个省份数据，分析我国金融发展和经济增长之间的门槛效应，实证结果显示：经济发展水平存在一个阈值，高于这个阈值时，金融发展促进经济的增长，低于其则阻碍经济的发展。杨子荣张鹏杨（2018）将产业结构加入金融发展模型，认为产业的结构是门槛模型的巨大影响因素，使用2001～2008年数据回归显示，金融结构与产业结果相契合时才能促进实体经济的发展。

5. 相关问题研究中数据选择、实证方法和影响机制的评价

（1）在金融发展促进经济增长的影响机制的研究中，韩廷春（2001）认为技术进步和制度创新是经济增长的关键，人力资本和 R&D 资本的投入促进了资本的边际产出，进而促进经济增长，但是在其论述中没有具体体现金融发展对人力资本和 R&D 资本影响机制。朱承亮等（2009）使用 1985~2007 年省级面板数据，利用随机前沿模型分析我国经济增长的影响因素，结论显示：我国经济增长在这段时间主要是通过资本驱动，技术进步和人力资本促进作用偏低，但是其研究没有将金融发展内生于经济发展模型。同时如沈红波等（2010）认为金融发展通过缓解企业融资约束的方式促进了经济的增长；金春雨等（2013）认为金融发展促进了固定资产投资以及就业，从而促进了经济增长；周晓艳等（2015）认为金融发展促进产业升级从而刺激了经济的增长；但是这些研究都没有将金融发展通过影响内生增长要素，继而促进经济增长纳入同一个方程体系中进行研究。虽然王永忠（2006）基于罗默和卢卡斯的研究，将金融发展分别内嵌于资本、人力资本和技术进步内生的经济增长模型，认为在内生经济增长框架中，金融发展对经济增长同时具有水平效应和增长效应。但是其研究没有进行相应的实证分析。

（2）在金融发展促进经济增长的数据样本选择上，一般是采用宏观数据、省级数据以及企业数据三种。使用宏观数据的研究有谭儒勇（1999）、谭艳芝和彭文平（2003）、陈邦强等（2007）、梁琪和滕建州（2006）、赵振全和薛丰慧（2004）、孟祥兰和鞠学祯（2012）、曾国平和王燕飞（2007）等。还有部分研究使用了企业层面数据，其中使用中国工业企业数据（微观经济数据库）的有刘培森（2018）、万道侠和胡彬（2019）等，其研究由于数据库更新问题，数据最新为 2012 年。而使用上市公司数据由于上市公司性质问题，不适合研究金融发展与经济增长相关问题，一般如钟腾和汪昌云（2017）、贾俊生等（2017）、王晓彦和张馨月（2019）、甄晗蕾（2019）等，仅研究了金融发展和企业创新相关的问题。

通过比较使用宏观数据和微观数据的情况，我们发现使用省级变量的研究较多，如方先明（2010）、郭丽虹等（2014）、杨俊和王佳（2012）、武志（2010）、赵小克和李惠蓉（2013）、王勋和赵珍（2011）、张同功和孙一君（2018）、杨胜刚和朱红（2007）、袁云峰和曹旭华（2007）、闫丽瑞和田祥宇（2012）、张雪芳和戴伟（2016）、曾国安马宇佳（2017）等的研究分别考虑到金融中介、股票市场、金融规模、金融集聚等因素对经济增长的影响。

还有部分研究进一步使用了省级的工业行业数据，把行业外部融资依赖作为纽带，研究金融发展与经增长之间的关系，如谭如勇和丁桂菊（2007）认为金融发展对经济增长策促进作用与行业外部融资依赖以及投资相关。李青原等（2010）认为金融发展通过影响行业外部融资依赖促进了资本的优化配置，雷日辉等（2015）同样认为金融发展可以通过资本配置效率渠道对工业行业产生积极作用；陈国进等（2019）认为随着金融发展，外部融资依赖度高的行业受益最大。这些研究都涉及了金融发展、外部融资依赖以及资本配置，但使用省级行业数据研究金融发展与经济增长的仅有贵斌威等（2013），但是贵斌威（2013）并没有进一步在省级的行业层面下实证分析金融发展促进经济增长的具体渠道或者机制，其采用的也是倍差法的实证方式，而没有采取时间序列面板数据的实证方法。这些研究也没有在一个统一的内生框架下，研究金融发展通过行业外部融资依赖影响企业内生生产要素的投入，进而影响经济增长。

（3）实证方法选择上，一般采取向量 VAR 的实证方法的比较多，如叶耀明和王胜（2007）、马轶群和史安娜（2012）验证了金融发展促进了经济的增长的水平效应更加突出。还有采用差分 GMM 和 LSDVC 回归方法，如杨嵩和黄婷婷（2019）实证分析结果显示在金融不发达地区，金融发展与经济增长之间的关系不显著。还有如彭俞超等（2017）使用 META 回归分析，认为金融发展对经济增长有较弱的正向影响，周德才等（2013）使用小波变换分解金融发展与经济增长的周期。虽然李青原等（2013）、雷日辉等（2015）等的研究使用到了系统广义矩估计（系统 GMM），但是其没有使用系统 GMM 研究金融发展通过影响外部融资依赖促进经济增长，以及金融发展通过影响外部融资依赖进而影响企业内生生产要素促进经济增长的研究。

综上所述，虽然我国金融发展与经济增长的相关研究在因果问题、异质性、非线性等方面都取得很大的进展，但是在省级工业行业层面上，使用时间序列面板数据，采用系统 GMM 的动态实证方法，在内生增长框架下，研究金融发展通过行业外部融资依赖影响企业内生生产要素的投入，进而影响经济增长的实证研究尚属于空白。

2.4 本章小结

早期的金融理论认为金融发展仅仅通过货币降低流动成本、调整货币工具等方式影响经济的增长，金融发展理论初期，学者也仅仅意识到金融发展为经济增长提供了物质基础，直至金融发展理论确立，学者才认为金融抑制问题影响了经济的增长。但是由于金融发展理论对当时经济发展存在问题解释能力不足，随着内生金融的兴起，学者通过不断研究，认为金融发展通过资源配置、信息收集、资本累积、增加资本流动等具体的方式促进经济的增长。随后在内生框架下，相关研究不断涌现，但金融发展与经济增长之间的相互关系的结论一直没有统一。本书认为这主要是在研究中所使用的替代变量以及统计和计量的方式不同造成的。同时，随着金融系统和经济的发展，金融结构和经济结构的变化也导致在不同的时期内，两者的关系发展变化呈现一定的非线性，而且非线性还受到空间因素的影响。对比国外的研究，国内的研究主要集中在 4 个方面：因果关系、区域异质性、非线性增长和门槛效应。在此基础上，本书对于我国相关问题的研究中对所使用的数据层面、实证方法、影响机制进行了总结和评价，结果显示：在省级工业行业层面上，使用时间序列面板数据，采用动态实证方法，在内生增长框架下，研究金融发展通过行业外部融资依赖影响企业内生生产要素，进而影响经济增长的实证研究尚属于空白。

第 3 章

金融发展促进经济增长的理论分析

在金融发展促进经济增长的渠道研究中,一般认为金融发展通过资本累积的方式促进经济的增长或者通过提高全要素生产率的方式促进经济的增长。新古典增长理论认为,金融发展通过增加储蓄和投资来促进经济的增长;罗默(Romer,1986)将金融发展引入内生经济增长模型,强调了金融发展在一方面通过优化资源配置;在另一方面促进技术创新来加速经济的增长。

莱文和泽尔泽(Levine and Zervos,1998);贝克、莱文和洛艾萨(Beck,Levine and Loayza,2000)等在跨国增长回归分析中表明,金融发展对全要素生产率有显著正向的影响。相反,他们发现金融发展的措施对投资数量没有显著影响。这表明,在其样本区间内,金融发展的影响并不来自资本积累,而是通过其他的形式提高生产率,如在研发、技术或职业培训等领域的投资。

在金融发展通过优化资源配置促进经济增长的研究中,格罗斯曼和斯蒂格利茨(Grossman and Stiglitz,1980)认为健全的资本市场有利于降低交易成本,投资者更加容易获得对称信息,从而降低资本流动性风险,促使投资流向预期收益更高的项目。不完善的金融市场会使企业面临严重的信贷约束,从而使企业更加倾向流动性风险较低、投资周期较短的项目,减少长期投资,抑制生产效率的提高。菲斯曼和乐福(Fisman and Love,2004)使用拉詹和津加莱斯（Rajan and Zingales，1998）框架来确定依赖外部融资的行业，以测试金融发展如何在短期和长期影响增长。结果显示，在短期内，金融发展通过将资金分配到最有利可图的投资来促进增长。哈特曼等（Hartmann et al.，2007）建立一个跨经济部门的资本分配指数，并测试金融发展是否会改变资本流向更有利可图用途的部门，结果显示，更深层次的信贷市场促进了资本的重新配置，并通过这种机制提高了整个经济的生产率增长。从长远来看，金融较发达的国家将更多的资源分配给更依赖外部资金的部门。这些依赖金融的行业也是最有可能投资研发和技术的行业。

在技术进步作为金融发展影响全要素增长的渠道的研究中，格林沃尔德等（Greenwald et al.，1990）构建了通过学习和技术投资两种方式的模型，认为在股票市场失败以及投资多样化未能实现时，企业降低了对技术投资以及在职培训的关注。圣保罗（Saint-Paul，1992）认为金融市场的发展可以有效地分散企业在研发过程中产生的不确定性的跨期风险，提高企业技术创新的成功率。金和莱文（1993a）实证分析证明了金融中介发展通过降低企业家创新活动的代理成本以及金融体系通过多元化分散企业创新过程中的风险影响技术进步。当然，也有学者认为金融发展促进经济增长的渠道和这些国家的经济阶段有关，里奥哈和瓦列夫（2003）认为金融发展影响增长的渠道取决于每个经济体的发展阶段，而金融发展通过全要素生产率的渠道促进净增长的方式主要局限于发达国家。同样，艾斯莫卡洛等（Acemoglu et al.，2006）金融发展与TFP之间的关系受到经济发展阶段的影响：发展中国家更多采用技术模仿，所以金融发展主要通过促进劳动生产率的提高促进经济的增长，发达国家金融发展通过为创新型企业提供更多的融资支持，提高了全要素生产率促进经济增长。也有文献显示，金融发展对TFP生产率的提高在发展中国家更加显著，如卡尔德龙和刘（Calderón and Liu，2003）等。在我国，何诚颖等（2013）实证研究结果显示，贷款规模与资本存量、储蓄率和TFP都呈负相关关系，认为金融制度安排对TFP的累积产生了不利的影响。

3.1 基于全要素增长的金融发展模型构建

实证研究表明，许多国家的经济增长率不能完全由生产要素的积累来解释。扣除实物资本存量和人力资本等要素投入后，TFP 增长在各国经济增长中所占比重最大。伊斯特利和莱文（Easterly and Levine，2004）的文献表明，TFP 的增长约占平均国家每个工人产出增长的 60%，TFP 对美国和其他工业国家的贡献超过 50%，而资本积累的贡献仅在 12%~25% 之间。然而，蔡跃洲和付一夫（2017）测算结果显示我国 2005~2010 年和 2010~2014 年，TFP 贡献率分别为 35.96% 和 26.81%、资本累积率分别为 66% 和 82.36%。这与伊斯特利和莱文（2001）的测算结果具有较大的差异。

分解金融发展在经济增长中的确切作用需要解释金融发展在 TFP 中的作用机制，传统上，索罗认为全要素生产率是经济增长的一部分，而不是由生产的组成要素来明确解释的，全要素生产率表现为将原材料转化为更好的产品，而罗默和卢卡斯通过经济的外部性，将技术创新注入生产环节，认为给定要素投入所带来的产出增加的部分是技术进步的体现。另一方面，赫伯格（Herberger，1998）认为 TFP 是导致企业实际成本降低的各种因素的混合体，这意味着生产效率的提高等价于成本的降低。基于以上学者的研究，可以将金融发展影响 TFP 的渠道归结为两种：首先，金融发展通过提供必要的资金，并且建立与技术创新有关的风险管理、分摊机制促进技术进步；其次，金融发展帮助企业降低融资成本，加速资本累积。

从技术上讲，TFP 可以用两种方法测量：参数估计和非参数估计。在参数估计中，需要假设生产函数，估计相关参数，计算全要素生产率。这种方法在识别随机因素方面是有利的，但在要求样本足够大，并且不能存在建模的偏差。与参数估计方法相比，非参数估计方法不涉及具体的生产函数，不需要对所估计的参数进行有效性和合理性检验，因此更为有利。常用的非参数方法是数据包络（DEA）分析法，它可以计算基于输出的 Malmquist 生产率增长指数。这个指数有两个优点。首先,它只需要输入和输出的数据;其次,它可以分为效率变化与技术进步两个组成部分,这样两者的变化都可以测量。

对于给定的金融机构,利用 Malmquist 投入生产率指数,可以将这两个时期的总生产率变化分解为技术变化和技术效率变化,投入导向强调在一定的产出水平范围内按比例减少投入,估算 t 时期到 t+1 时期 TFP 增长的 Malmquist 指数可以表示为:

$$M_{i,t+1}(y_i^t, x_i^t, y_i^{t+1}, x_i^{t+1}) = \left[\frac{D_i^t(y_i^{t+1}, x_i^{t+1})}{D_i^t(y_i^t, x_i^t)} \frac{D_i^{t+1}(y_i^{t+1}, x_i^{t+1})}{D_i^{t+1}(y_i^t, x_i^t)}\right]^{1/2} \quad (3.1)$$

其中,$x_i^t = (k_{it}, l_{it})'$ 为 t 时期 i 区域的资本 k 和劳动力 l 的投资的向量集,y_i^t 为 t 时期 i 区域的产出。M 是最近一个生产点的生产力,D 为输入距离函数,$D_i^t(y_i^{t+1}, x_i^{t+1})$ 相对于早期的生产点 $D_i^t(y_i^t, x_i^t)$ 使用的是 t+1 期的技术水平。将式(3.1)进行等价的变动,可得

$$M_{i,t+1}(y_i^t, x_i^t, y_i^{t+1}, x_i^{t+1}) = \left(\frac{D_i^t(y_i^{t+1}, x_i^{t+1})}{D_i^t(y_i^t, x_i^t)}\right)\left[\frac{D_i^t(y_i^{t+1}, x_i^{t+1})}{D_i^t(y_i^t, x_i^t)} \frac{D_i^t(y_i^t, x_i^t)}{D_i^{t+1}(y_i^t, x_i^t)}\right]^{1/2}$$

$$(3.2)$$

其中,

$$Ef_i^{t+1} = \left(\frac{D_i^t(y_i^{t+1}, x_i^{t+1})}{D_i^t(y_i^t, x_i^t)}\right)$$

$$Tc_i^{t+1} = \left[\frac{D_i^t(y_i^{t+1}, x_i^{t+1})}{D_i^t(y_i^t, x_i^t)} \frac{D_i^t(y_i^t, x_i^t)}{D_i^{t+1}(y_i^t, x_i^t)}\right]^{1/2}$$

Ef^{t+1} 是 t 时期到 t+1 时期的生产效率变化,Tc^{t+1} 是 t 时期到 t+1 时期的技术进步。

为了计算这些指标,有必要对上述方程进行线性规划(linear programming)的限定。首先假设存在 N 个行业,使用一系列的资本 k 和 l 的投资产生 M 产出,这些要通过 kl×N 的要素投入矩阵 X 获得 M×N 的产出矩阵 Y。这样就在统计上就构造了一个可以包络所有数据样本的非参数边界。

在式(3.1)和式(3.2)中,待评价的技术和观测值来自同一时期,其最优解应该小于或等于 1。式(3.2)依据的是一个时期内的数据构造参

考技术，而要评估的观测数据来自另一个时期。假设初始收益率为常数，使用以下的线性程序：

$$[D_i^t(y_i^t, x_i^t)]^{-1} = \min_{\theta,\lambda} \theta \tag{3.3}$$

$$\text{s. t. } -y_i^t + Y^t \geq 0$$

$$\theta x_i^t - X^t\lambda \geq 0$$

$$\lambda \geq 0$$

$$[D_i^{t+1}(y_i^{t+1}, x_i^{t+1})]^{-1} = \min_{\theta,\lambda} \theta \tag{3.4}$$

$$\text{s. t. } -y_i^{t+1} + Y^{t+1} \geq 0$$

$$\theta x_i^{t+1} - X^{t+1}\lambda \geq 0$$

$$\lambda \geq 0$$

$$[D_i^{t+1}(y_i^t, x_i^{t1})]^{-1} = \min_{\theta,\lambda} \theta \tag{3.5}$$

$$\text{s. t. } -y_i^t + Y^{t+1} \geq 0$$

$$\theta x_i^t - X^{t+1}\lambda \geq 0$$

$$\lambda \geq 0$$

$$[D_i^t(y_i^{t+1}, x_i^{t+1})]^{-1} = \min_{\theta,\lambda} \theta \tag{3.6}$$

$$\text{s. t. } -y_i^{t+1} + Y^t \geq 0$$

$$\theta x_i^{t+1} - X^t\lambda \geq 0$$

$$\lambda \geq 0$$

在式（3.3）~式（3.6），θ 为相对边缘的生产效率，λ 为规模报酬，如果 $\theta < 1$ 表示可以用更少的投入带来相同的产出，决策单元不是有效率的，如果 $\theta = 1$，则表示生产活动或者经济系统是有效率的。Malmquist 生产率指数的优势在于非常便捷而有效的将生产率、效率和技术变化归结于金融机构和经营环境，技术选择的解释变量是基于基本的回归的方法。一般形式是：

$$m_i^* = \beta F_i' + e_i, \quad i = 1, 2, \cdots, N \tag{3.7}$$

m_i^* 为 Malmquist 生产率指数，F_i' 是一个（1×J）的向量，是用来解释金融发展因素的解释变量，β 是估计参数，$e_i \sim N(0, \sigma^2)$，由此就实现将金融发展因素纳入到全要素增长模型中。

3.2 金融发展、资本累积和经济增长

帕加诺（Pagano，1993）虽然从资本累积的角度论证了金融发展促进经济增长的方式，也就是金融发展通过提高资本的边际产出、提高储蓄转化为资本的比例以及提高储蓄率的方式促进了经济的增长，但是他并没有明确论述金融系统具体通过哪些金融功能提高了资本的边际产出、储蓄转化为资本的比例以及改变储蓄率。本书认为金融发展促进资本累积的三个因素主要是通过动员储蓄、优化资本配置、提供信贷支持、风险分担、信息收集、联合控制等诸多功能联合作用实现的。

3.2.1 加入金融因素的资本累积增长模型

帕加诺（1993）从资本累积的角度，将金融发展变量引入内生经济增长 AK 模型，提供了研究金融发展和经济增之间关系的框架，以其研究为基础，加入金融发展变量可得：

$$Y_t = A(F)K_t \tag{3.8}$$

Y 表示产出，A 为资本边际产出、F 为金融发展水平、K 为资本总量，如果金融发展可以提高资本的边际产出，那么对式（3.10）求偏导，有 $\partial A/\partial F > 0$，根据永续盘存法，有：

$$I_t = K_{t+1} - (1-\delta)K_t \tag{3.9}$$

其中，I 为投资，δ 为固定资产折旧率。

在两部门经济条件下，资本市场均衡要求总储蓄等于总投资。但是在现实的情况下，储蓄无法自动全部转化为投资，储蓄的转化率受到金融部门的配置效率的影响，所以加入金融发展变量的两部门经济的均衡条件为：

$$\theta(F)S_t = I_t \tag{3.10}$$

θ 为储蓄投资转化率，S 为储蓄，$1-\theta$ 为金融系统维持自我消耗的储蓄

比例，金融发展可以有效降低金融系统的运营成本，从而使 θ 值增大。

同时，金融发展可以通过风险分担和缓解流动性约束提高储蓄水平，所以有：

$$S_t = s(F)Y_t \tag{3.11}$$

s 为储蓄率。由式（3.8）可得：

$$g_{t+1} = \frac{Y_{t+1}}{Y_t} \tag{3.12}$$

g 经济增长率，将式（3.12）和式（3.13）代入式（3.14），得：

$$g = A(F)\theta(F)s(F) - \delta \tag{3.13}$$

其次，按照加入金融发展变量的帕加诺（1993）的 AK 金融发展模型，金融系统的发展通过提高资本边际产出 A、储蓄投资转化率 θ、储蓄率 s 促进经济增长 g。

3.2.2 金融发展通过资本累积促进经济增长理论分析

1. 金融发展提高资本边际产出促进经济的增长

金融发展促使金融系统将资金优先配给资本边际产出最高的项目，从而实现资本从使用效率较低的生产部门，通过信贷配给等方式使资本流向使用效率较高的生产部门，通过动员储蓄、风险分担以及信息收集利用的方式提高资本的利用效率，从而促进经济增长。具体机制如下：

第一，金融发展通过优化资本配置提高边际产出促进经济增长。

金融发展有助于金融市场和银行中介有效地将众多投资者的资金集中起来，通过帮助先进的现代化、规模化生产经营，改进金融资源配置效率，实现规模经济。规模经济意味着边际成本的下降。在假定技术水平不变的前提下，边际成本的下降是边际产出的另一种体现方式。"动员储蓄"在这个过程中，使金融机构通过吸收投资者的资金，代为投资的方式，有效降低了投资过程中的交易成本和信息成本，减少金融漏损，促进经济增长。

第二，金融发展通过风险分担提高资本边际产出促进经济增长。

本西文加和史密斯（Bencivenga and Smith，1991）认为金融发展促进金融中介通过改变储蓄组合，提高资本投资在储蓄中的份额；提高储蓄者的风险回避，达到促进经济增长的目的。由于不确定性以及时间所带来的风险，绝大多数投资者更加倾向于选择风险低、收益低，但是稳定的投资项目。在存在信息不对称和交易成本问题时，这很容易产生逆向选择的问题，将风险较高但是收益高、潜力巨大的项目驱逐出资本市场。金融发展有助于金融体系对中长期投资的不确定性进行交易和定价，通过自身信用实现风险的交易，从而实现风险的分散、降低和转移，使投资者将资金投入到高风险、高收入的生产部门，优化资本配置，提高实体部门的产出能力，促进经济增长。

第三，金融系统的发展通过信息收集提高资本边际产出促进经济增长。

格林伍德和约万诺维奇（Greenwood and Jovanovic，1990）认为金融中介的信息作用与生产率增长有关。博斯和科瑟恩（Bose and Cothern，1996）认为金融发展水平的高低、对处理信息不对称方式影响经济增长。只有在金融发展水平较低时，信贷配给对经济增长影响明显。金融发展促使金融机构（银行、非银行金融机构）拥有更强的获利能力，即融资给利润预期最高的企业。金融体系的信息收集功能不仅为投资者提供了投资品质价格及其他因素的信息，还提供了融资的方式的成本等信息，以及金融交易的运行状态、是否存在违规风险、违规操作等，使投资者可以针对自身偏好进行投资品种的优化组合，实现货币市场的帕累托最优状态，从而提高资本的边际产出，促进经济的增长。

2. 金融发展通过风险分担提高储蓄转化为投资的比率促进经济增长

金融中介提高储蓄转化为投资的比例，促进经济的增长是通过金融系统的风险分担以及信贷支持等功能联合作用实现的。金融系统通过吸收储户的储蓄，为企业的发展提供信贷支持，这个过程也是金融系统通过风险分担，将储蓄通过贷款、债券、股票等渠道以借贷等方式转给企业和家庭，进行实物投资；将有限的储蓄转化为有效的投资，促进经济增长。麦金农（1973）

建立了一个有别于新古典主义的货币需求函数，认为在发展中国家存在资本市场割裂的情况，企业只能通过内源性融资方式获得投资，其方程为：

$$I/y = F(\bar{r}, d - P^*) \tag{3.14}$$

y 为实际收入，I/y 为投资收入比，$\bar{r}$ 为实物资本平均收益率，d 为各类存款名义利率的加权平均数，P^* 为预期通货膨胀率，$d - P^*$ 为存款实际回报率。当 $\partial I/\partial y > 0$，实物资本平均收益率 $\bar{r}$ 的增加导致投资收入比 I/y 增加，人们对货币的需求随之增加，由于货币对于投资的作用要通过实际回报率 $d - P^*$ 的"导管"效应。实际回报率的高低决定是否能将有限的储蓄导向投资，而储蓄转化为投资的比例就意味着实体经济能获得资本配置支持的能力的大小，储蓄转化为投资的比例越高，经济增长就越快。

3. 金融发展通过减少金融摩擦改变储蓄率促进经济增长

传统的金融发展理论认为动员储蓄有利于集聚资本，增加投资。金融发展可以促进金融系通过风险分担、联合控制等方式降低交易成本所引起的金融摩擦，吸引储蓄，提高储蓄率。

在发展中国家，金融抑制导致银行业的不完全竞争，使实际利率低于市场均衡利率水平。金融发展会通过降低金融抑制，提高金融深化促进实际利率上升，完善金融系统运行机制，从而使储蓄率增加。而随着金融市场的发展，金融系统会促进资本流向风险性较高、收益率也较高的生产性技术部门，提高了资本的回报率，进而提高市场利率，促进储蓄率增加和经济的增长。朱波（2007）认为金融发展通过异质型风险、收益率风险、利率与流动性约束四个因素，减少了金融交易过程中的流动性风险，鼓励居民储蓄，进而增加储蓄率，而储蓄的增加在发展中国家为经济增长提供了充足的资金储备。

但是在发达国家，金融发展可以促使金融系统有效分散禀赋性风险，从而降低人们因预防性动机而持有货币的需要，金融发展为金融市场提供了更加丰富的金融产品，同时也增加了资本的回报率，降低人们为了投机而持有货币的需要，进而降低储蓄率。在发达国家，金融发展通过降低储蓄率的方式将更多资金通过其他金融产品配给到实体部门,促进了经济的增长。

总之,由于经济的发展阶段、国家体制以及居民的储蓄偏好的不同,金融发展在不同国家对储蓄率的影响不同,但是金融系统通过促使更多的资金流向储蓄和投资,或者通过促使更多的资金流向债券市场、消费信贷、抵押市场的方式,加速了资金的流动,提高的资金的边际产出,进而促进了经济的增长。

3.3 金融发展、人力资本累积和经济增长

人力资本和物质资本都是经济增长的内生决定因素,对经济增长至关重要。虽然这两者都是长期增长所必需的,但实物资本的积累发生在经济发展的早期阶段,随后才是人力资本的累积。舒尔茨(1960)认为人力资本是凝结在劳动者本身的知识和技能的体现,是经济增长的重要因素之一,人力资本的获取需要使用一定的资源;而资源是稀缺的,所以人力资本的获取存在一定的成本。人力资本的累积是人力资本投资的结果。他在《人力资本投资》一书中,将人力资本投资归纳为5个方面,其中前4个方面与金融发展有关:一是卫生保健与服务,包括预期生命、体力和耐力;二是在职培训;三是正规培训,包括初等、中等和高等教育;四是成人教育。

3.3.1 加入金融因素的人力资本增长模型

1. 基本模型

建立消费者效用函数:

$$U = \int_0^\infty e^{-\rho t} U(c) dt \qquad (3.15)$$

其中,c 为消费,ρ 为主观贴现率,意味着消费者相比较未来的消费

（储蓄），更加倾向于现在消费的程度，t 为时间变量。其中效用函数为：

$$U(c) = \frac{c^{1-\sigma}}{1-\sigma} \qquad (3.16)$$

其中，σ 为风险回避系数，$0 < \sigma < 1$，σ 的倒数即为消费的替代弹性。

假设在两部门的生产模型中，CD 生产函数规模报酬不变，则有：

$$Y = A(wK)^{\alpha}(vH)^{1-\alpha} \qquad (3.17)$$

其中，Y 为生产出来的最终产品，需要两种投入，分别是资本 K 和人力资本 H，α 为资本投入的产出系数，$1-\alpha$ 为人力投入的产出系数，$0 < \alpha < 1$。A 为物质生产部门的生产效率参数，人力资本 H 与劳动力的区别在于人力资本的增加将提高人力资本生产部门的生产效率。w、v 分别是物质产品部门使用的资本投入占资本总量的比例、人力资本投入占人力资本的比例，$0 < w < 1$，$0 < v < 1$。

以式（3.17）为基础，可以得到资本积累方程（3.18）和人力积累方程（3.19）

$$\dot{K} = A(wK)^{\alpha}(vH)^{1-\alpha} - \delta K - c \qquad (3.18)$$

在式（3.18）中，资本的积累 $\dot{K}$ 可以理解为最终产品 Y，也就是 $AwK^{\alpha}vH^{1-\alpha}$ 减去资本的折旧 δK（δ 为折旧率），减去消费 c。为了研究金融发展对人力资本累积的作用，假设人力资本的累积不会影响金融部门的储蓄转化为投资的比率，即在两部门条件下储蓄将全部转化为投资。

$$\dot{H} = B(F)[(1-w)K]^{\beta}[(1-v)H]^{1-\beta} - \delta H \qquad (3.19)$$

在式（3.19）中 B 为加入了金融产品服务（如教育和医疗的信贷等）的人力部门生产效率参数，β 为资本投入对人力资本累积的产出系数，$1-\beta$ 为人力投入对人力资本累积的产出系数。

同时为了便于最优解的推导，假设人力资本的折旧率与资本的折旧率相同为 δ，其中人力资本的折旧率定义为因退休、生育、技能荒疏等造成的人力资本边际生产效率降低的情况。$1-w$、$1-v$ 分别是物质产品部门使用的人力资本投入占资本总量的比例、资本投入占人力资本的比例。

首先，$\partial B/\partial F > 0$，意味着金融发展促使金融部门提供更加丰富、便捷、贴合的信贷产品支持教育机构提供更好的教育、受教育人获得更好的教育，从而提高人力资本的生产效率。其次，金融部门，如保险行业随着金融发展可以更加有效的减少人力资本的损耗，降低人力资本的折旧率（损耗）。资本投资对人力资本的积累主要来源于在职培训和内部培训等渠道，人力资本投入可以通过人员技能自我熟练、人力资本外溢等渠道提高人力资本的累积。

2. 最优解推导

最优解问题就是以式（3.17）、式（3.18）、式（3.19）三者为约束方程，求解式（3.15）的最大值问题，构造 Hamilton 函数：

$$M = e^{-\rho t}\frac{c^{1-\sigma}}{1-\sigma} + \gamma\{B(F)[(1-w)K]^{\beta}[(1-v)H]^{1-\beta} - \delta H\}$$
$$+ \varepsilon[AwK^{\alpha}vH^{1-\alpha} - \delta K - c] \quad (3.20)$$

式（3.20）的最优解条件为：$\partial M/\partial c = 0$、$-\partial M/\partial K = \dot{\gamma}$、$-\partial M/\partial H = \dot{\varepsilon}$。在平衡路径上的产出 Y 的增长率等于资本累积的增长率 $\dot{K}$ 和人力资本累积的增长率 $\dot{H}$ 等于消费 c 的增长率。

由此，可以得到经济增长 ΔY 的表达式：

$$\Delta Y = 1/\sigma\{B(F)(1-w)^{1-\beta}(1-\beta)[(1-v)K/H]^{\beta} - \delta - \rho\} \quad (3.21)$$

在式（3.21）中，$0 < \sigma < 1$，所以 $1/\sigma$ 为正数，K/H 为常数，所以经济增长 ΔY 受到金融发展 B(F) 通过 1 − β 人力投入对人力资本积累的产出系数和 1 − w 物质产品部门使用的人力资本投入占资本总量的比例、1 − v 物质产品部门使用资本投入占人力资本的比例、β 资本投入对人力资本累积的产出的影响。

3.3.2 金融发展通过人力资本累积促进经济增长理论分析

人力资本对经济增长促进作用已经是不争的事实。如卢卡斯（Lucas，1988）在研究中将人力资本作为一个独立的变量纳入新古典内生增长模型，认为教育部门通过线性技术产生专业化的人力资本，而专业化的人力资本作为知识产品的载体,具有技术经济的特性。雷贝洛(Rebelo,1991)认为人力资本累积受到资本的外溢效的影响,物质资本社会人力资本水平对其产生正向的外部效应,并且提出了更加广泛的知识生产过程,更加侧重人力资本本身的作用。

1. 金融发展通过资本配置促进人力资本积累和经济增长

如果不存在金融系统,单独的个体可能不能通过借贷的方式,获得资金的支持;如果个体本身支付能力不足,而且患有一定的疾病,这种支付能力不足就会造成人力资本的损耗,比如因病丧失工作能力。

同样在缺乏金融系统资本配置功能的状态下,人力资本培养单位(如学校)也会因为缺少资本运转,难以通过引进人才和教学设备的方式提高其培养人力资本(如学生)的能力,造成人力资本累积缓慢的局面。所以金融发展通过资本配置为受教个体提供提前支付、为人力资本培养单位提供资金支持,增加人力资本培养要素、保证个体的健康维系、防止人力资本不必要的损耗三个方面提高人力资本的累积,从而促进经济的增长。

第一,金融发展为受教育者提供信贷支持,为受教育者提前支付教育成本。金融系统可以通过信贷融资为受教育人群根据自身实际情况,选择接受教育提供资金保障,使人们在缺乏教育资金的情况下依然可以自由选择接受教育或者劳动。受教人群之后的劳动能力显著提高,并且获得与劳动效率相匹配的收入。格雷戈里奥和金姆(2000)认为,当预期受教收入明显高于目前收入水平和融资成本时,金融发展就通过提前支付教育成本的方式促进了人力资本的累积,而人力资本的累积带来的劳动效率的提高会促进经济增长。

第二,金融发展通过资本配置增加人力资本培养要素。金融发展为人力资本培养单位增加人力资本培养要素,如为教育人员、教育设施提供了资金的支持,人力资本教育要素的增加又导致了进一步的人力资本累积。首先,人力资本培养单位通过系统教育或者技能培训的形式提高了受教育人群的知识技能水平,受教育人群的知识、技能水平的整体提高又促使人力资本培养单位提供更加优质的教育产品,这就要求人力资本培养单位引进更加先进的教育设施以及教育人员,金融系统为人力资本培养单位在增加和升级人力资本培养要素时提供必要的资金的支持,加速人力资本培养要素的成型(Rashmi,2012)。所以金融发展通过资金配给加速了人力资本的培养和人力资本的累积,提高了人力资本累积的持久上升的能力(Dutta and Sobel,2018),为经济的增长提供了具有更高知识和技能的劳动者。

第三,金融系统的配置作用有助于减少人力资本的损耗。金融发展促进了财政系统的稳定,医疗保障的持续和稳定,以及公共资源用于社会福利,促进医疗保健等社会项目的发展(Amartya,1998)。人力资本对经济增长的影响,除了一个国家各个层次的入学人数的数量这个因素之外,还有就是个体对自身预期寿命,包括寿命的长度以及身体的健康程度。哈基姆和奥莱坦(Hakeem and Oluitan,2012)研究了1965~2005年人力资本与金融发展的关系,研究发现,只有预期寿命和中学入学人数等变量与金融发展之间存在明显的关系,使用其他人力资本指标和金融发展之间的关系都很弱。

个体在预期能获得更长寿命和健康的前提下,为了生活水平的维系以及提高,会更加渴望受到进一步的教育以及业务培训,从而获得更高的收入来维系生活水平。同时收入的增加又会促使个体通过投资保险的方式来提高预期寿命。所以对预期寿命高的国家会有更多个体的资金流入到保险等相关金融领域,通过丰富、健全金融机构的方式促进金融的发展;而金融的发展带来的财政和医疗保障的稳定又会反馈于受众群体,维持人力资本的健康,减少人力资本的损耗,更好地维持人力边际产出,促进经济的增长。

2. 金融发展通过风险分散促进人力资本累积和经济增长

金融发展的风险分散功能可以将金融活动中所产生的风险分散于众多的投资者,从而使金融系统拥有更好的应对现实风险的能力。一方面,对于金融系统而言,受教个体的教育结果和健康的保持具有难以估计以及不可控制的特点,阿赫马等(Akhmat et al.,2014)认为对金融系统而言,只有更有效地实现风险分散,才能促使金融系统对弱势人群提供有可能的资金支持,解决人力资本积累过程中的风险配置问题，为人力资本发展和维系提供更加丰富的金融产品服务，保持人力资本累积，促进经济的增长。另一方面，金融发展的风险分担，可以有效缓解投资者在面临流动性风险时，不愿意将资金倾向于流动性差、投资周期长但回报率高的人力资本融资项目，而更加倾向流动性强，周期短的但回报率一般融资项目，提高资金对人力资本累积的贡献能力，促进经济的增长。

3. 金融发展通过信息收集促进人力资本累积和经济增长

一方面，金融系统通过其信息收集功能、降低人力资本投资风险的机制主要是作用于人力个体。个体教育是人力资本投资的主体，个体教育所面临的投资风险主要来自受教育过程中的选择风险。门萨等（Menyah et al.，2013）认为金融发展提高了金融系统对受教人群融资需求的甄别和指导能力，在受教群体选择所需的教育或者培训时，金融系统会通过自身的信息收集功能，判断和预测目前或未来一段时间内经济发展所需的专业的人才以及人才结构，从而为具体的教育或培训的实际效用进行评估，引导人力资本的资金配给方向，使目前和未来需要的人才培养更加容易获得信贷支持，有效降低在信息不对称情况下个体对教育或培训的盲目选择、提供指导性的意见，从而实现人力资本结构的优化。提高人力资本累积与经济结构的契合程度，增加人力资本的边际产出，从而促进经济的增长。

人力资本积累对经济增长的促进作用另一方面是通过加速企业创新来实现的：一是人力资本的累积有效降低了创新的成本，使创新在投入单位其他成本如物质资本和时间等时，可以获得更高的回报；二是人力资本的累积可以有效降低创新过程中的不确定性带来的物质资本和时间成本的损失，使创新过程具有更强的可控性。人力资本的累积会促使创新行为带来更多的产出，直接体现为更多的技术以及专利，并进一步提高技术的转化效率，加速行业的利润回报率的增加。同时，人力资本的累积会促使行业人才更快地掌握和应用新的知识，实现人力资本的自我累积，促进经济的增长。

3.4 金融发展、技术创新和经济增长

技术进步在一般意义上可以划分为狭义和广义的两种，狭义的技术进步主要是生产工艺的提升、中间产品改进以及制造技术的革新；广义的技术进步一般是指在一个经济系统中剔除了资本和劳动力等要素投入带来的经济增长之外所有其他要素产生作用的总和，除了硬性的生产工艺、制造能力等因素的改进，还包括组织和管理能力的提高、决策机制的完善、融资渠道通畅等。技术进步按照来源可以分为自主技术创新和技术扩散。

在全要素增长模型中，一般上全要素增长可以等同于广义的技术进步，本书界定的技术进步不涉及贸易以及 FDI 的影响，所以认为技术进步只是通过技术创新和前文提及的人力资本累积的方式实现，人力资本的累积一方面降低技术创新的成本，确定技术创新的方向，提高技术创新的效率，另一方面促进人才加速知识创造，从而更好地作用于技术进步。

金融发展在微观上促进了技术的创新，从而在宏观上推动了技术进步，金融发展日益成为技术创新所必需的基础条件之一，对技术创新的影响和推动越来越强。金融系统的资本动员能力和资本的配置能力决定着技术创新的路径和效果。基础研究、应用研究以及科技成果的转化都需要现代金融制度的保证。虽然先进的技术一般具有高收益的特性，但是先进的技术在创新过程中往往伴随不可知性，这导致了巨大的研发风险。在金融系统不够完善的情况下，由于信息不对称等问题，资本更加倾向于低风险低收益的领域，而良好的金融系统可以通过金融安排分散风险，对项目进行有效的评估，以及进行流动性风险的管理，降低资本配置风险，使资金流向高新技术产业，提高资本对技术创新的贡献能力。所以，金融体系的发展和完善一方面为技术创新过程提供了必要的资本的支持，另一方面通过风险管理职能调整技术创新的路径，优化技术创新格局，推动技术进步的发展。

3.4.1 加入金融因素的技术创新增长模型

1. 基本模型

构建消费者效用函数：

$$U = \int_0^\infty e^{-\rho t} U(c) dt \tag{3.22}$$

其中，c 为消费，ρ 为主观贴现率，意味着消费者相比较未来的消费（储蓄），更加倾向于现在消费的程度，t 为时间变量。其中效用函数为

$$U(c) = \frac{c^{1-\sigma}}{1-\sigma} \tag{3.23}$$

其中，σ 为风险回避系数，0 < σ < 1，σ 的倒数即为消费的替代弹性。

假设在两部门的生产模型中，只存在要素投入部门和研发部门，CD 生产函数规模报酬不变，则有：

$$Y = A(wR)^\alpha (vT)^{1-\alpha} \tag{3.24}$$

其中，Y 为生产出来的最终产品，需要两种投入分别是基础要素投入 R 和技术研发投入 T，α 为基本要素的产出系数，1 − α 为技术研发产出系数，0 < α < 1。A 为生产部门的生产效率参数，基本要素投入 R 由资本投入和人力资本投入组成，并假设两者具有替代性，可以由 F 统一表示。w、v 分别是基础要素部门使用的要素投入占要素总量的比例、研发投入研发总量的比例，这里假设在经济的运转中，要素部门为了维持正常生产将一部分基础要素投入生产最终产品，其比例为 w，将 1 − w 部分的要素投入到了研发部门，同理，研发部门为了持续研发行为，将 v 比例的研发投入研发部门；为了提高基础要素部门的生产效率，会将 1 − v 的比例投入到基础要素部门，0 < w < 1，0 < v < 1。

以式（3.24）为基础，可以得到基础要素积累式（3.25）和技术研发累积方程式（3.26）：

$$\dot{F} = A(wR)^\alpha (vT)^{1-\alpha} - \delta F - c \tag{3.25}$$

在式（3.25）中，资本的积累 $\dot{K}$ 可以理解为最终产品 Y，也就是 $A(wF)^\alpha(vT)^{1-\alpha}$ 减去基本要素的折旧 δF（δ 为折旧率），减去消费 c。为了研究金融发展对技术研发累积的作用，这里假设技术研发的累积不会影响金融部门的储蓄转化为投资的比率，即在两部门条件下储蓄将全部转化为投资。

$$\dot{T} = B(F)[(1-w)R]^\beta[(1-v)T]^{1-\beta} - \delta T \qquad (3.26)$$

在式（3.26）中 B 为加入了金融产品服务的研发部门生产效率参数，β 为基础要素投入对技术研发的产出系数、$1-\beta$ 为基础要素投入对基础要素部门积累的产出系数。$\partial B/\partial F > 0$，意味着金融发展促使金融部门为研发部门提供了更加贴合的信贷产品，支持研发部门进行创新、实现技术进步，表现生产效率的提高。

2. 最优解推导

最优解问题就是以式（3.24）、式（3.25）、式（3.26）三者为约束方程，求解式（3.22）的最大值问题，构造 Hamilton 函数：

$$M = e^{-\rho t}\frac{c^{1-\sigma}}{1-\sigma} + \gamma\{B(F)[(1-w)R]^\beta[(1-v)T]^{1-\beta} - \delta T\}$$
$$+ \varepsilon[AwR^\alpha vT^{1-\alpha} - \delta R - c] \qquad (3.27)$$

式（3.27）的最优解条件为：$\partial M/\partial c = 0$，$-\partial M/\partial R = \dot{\gamma}$，$-\partial M/\partial T = \dot{\varepsilon}$。

在平衡路径产出 Y 的增长率等于基础要素部门累积的增长率 $\dot{R}$、研发部门累积的增长率 $\dot{T}$、消费 c 的增长率。

由此，可以得到经济增长 ΔY 的表达式：

$$\Delta Y = 1/\sigma\{B(F)(1-w)^{1-\beta}(1-\beta)[(1-v)R/T]^\beta - \delta - \rho\} \qquad (3.28)$$

在式（3.28）中，$0 < \sigma < 1$，所以 $1/\sigma$ 为正数，R/T 为常数，所以经济增长 ΔY 受到金融发展 $B(F)$ 通过 $1-\beta$ 为基础要素投入对基础要素部门积累的产出、将 $1-w$ 部分的要素投入到了研发部门的比例、$1-v$ 物质产品部门使用资本投入占人力资本的比例、β 基础要素投入对技术研发的产出系数、$1-\beta$ 为基础要素投入对基础要素部门积累的产出系数的影响。

3.4.2 金融发展通过技术创新促进经济增长理论分析

技术创新与经济增长之间联系的理论基础可以追溯到熊彼特（Schumpeter，1912），他强调金融在刺激经济增长和技术创新方面的作用。熊彼特认为企业家是创新的主体，企业家的创新活动受到追求垄断性的利润的驱动，而经济发展的核心问题是如何满足企业家的信贷需求，金融系统在促进技术创新方面的主要作用就是通过选择性地为新的企业家和新的技术提供信贷支持的方式来实现的，能够在熊彼特称为"创造性破坏"的过程中对经济做出重大改变。熊彼特（1934）认为创新是经济增长的一个关键维度，他认为制度、企业家和技术变革是经济增长的核心，并且受到政策的巨大影响，金融发展因其溢出效应而将创新与经济增长联系在一起。谢勒等（Scherer et al.，1986）和弗里曼等（Freeman et al.，1994）应用熊波特的理论发现在国家技术活动中，无论是通过研发还是专利统计来衡量，都对各国经济增长和出口绩效的差异有重要贡献。长期以来，技术创新一直是推动经济增长的重要动力，创新潜力已成为绝大多数国家竞争优势的重要来源。在技术进步的决定因素中，研发支出、人力资本、技术转移和网络已被确定为塑造和促进创新进而实现创新驱动增长的重要因素。乐福罗珀（Love and Roper，1999）认为熊波特的理论中隐含着一个前提条件，就是研发是必要的第一步，研发、技术转移和网络化是创新过程中的替代品，技术转移和网络化的强度对提高创新程度尤为重要。完善的银行体统和发达的资本市场可以在许多方面促进技术创新和生产力的发展，本书认为其具体促进机制为：

（1）金融发展通过信贷支持为技术创新提供资金。技术创新离不开资金的支持，而发达的金融系统可以更加便捷，迅速完成这些资金的调动。最早希克斯（Hicks，1969）在解释工业革命时就提及金融市场和技术选择之间的关系。工业在最初的发展中，需要大量的非流动性的资本投资到技术领域，金融市场的风险分担功能为投资者投资这样的技术领域成为可能：大量的技术创新都是在工业革命之前开始的，而不是与工业革命并行，技术创新从最开始的研发到最终应用于实际产品的过程都需要长期的大规模的非流动性的资本支持，金融市场通过吸收储蓄，投资可行创新项目将投资者的流动性资本注入到这些创新的行为中去，所以在工业革命的过程中，技术进步与具体国家的金融系统的资本调动能力直接相关。

（2）金融发展通过降低流动性风险促进技术的创新。发达资本市场的金融系统通过降低投资者的流动性风险，鼓励长周期的生产性技术的采用。发达的金融体系为投资者防范流动性风险提供了必要的保障，从而为研发周期更长、风险更大但预期利润更高的项目提供了充足的资本融资。在本西文加和史密斯（Bencivenga and Smith，1991）的研究中，金融中介机构通过提供降低流动性风险的手段来促进实际增长。首先，银行允许厌恶风险的储户持有银行存款，而不是流动性（和非生产性）资产，从而增加了可用于生产性资本的资金。其次，通过消除自筹资金的资本投资，银行可以防止企业家由于流动性需求而进行不必要的资本清算。

（3）金融发展通过套期保值和其他风险分担促进技术创新。发达的资本市场可以为技术创新提供套期保值和其他风险分担。金融市场允许风险更高但生产率更高的技术，而技术选择反过来影响金融市场的生存能力。金融市场使代理人能够通过持有多样化的投资组合来对冲风险，从而允许实体部门进行更多的劳动分工，提高生产率。因此，金融市场和技术在战略上是互补的，因为它们都是分散风险的工具。在金融发展水平低、资本市场不够完善的国家和地区，资本市场所提供的风险分担服务的能力较低，更多的业务集中在风险低、技术效率低、劳动分工能力差的项目上。所以相比较而言，发达的金融系统更多的是对专业化和高风险的技术的倾向，不发达的金融系统更多倾向于低风险、低收益的技术以及较少的劳动分工。

（4）金融发展通过缓解流动性约束促进技术创新。金融发展可以为创新活动缓解信贷约束，使资本流向生产率最高的项目，因此促进R&D融资，实现技术进步和经济增长。金融机构为了应对流动性需求，会进行资本累积，将储蓄的构成转向资本，缓解信贷约束。通过对企业家进行评估，动员储蓄为最有希望提高生产率的活动提供资金，分散了技术创新活动相关的风险。金融发展提高了创新成功的可能性，从而加快了经济增长。阿基翁等（Aghion et al.，2012）使用1993～2004年间企业数据来分析信贷约束和公司研发行为之间的关系，发现在没有信贷约束的情况下，研发投资占总投资的比例与研发周期呈反向关系，在存在信贷约束的情况下呈正向关系，尤其对于更加依赖外部融资的行业和企业。信贷约束程度越高的企业，平均研发投入和生产率增长的负相关程度越高。阿莫尔等（Amore et al.，2013）研究表明，以制造业企业的技术创新表现、专利作为衡量指标，银行业发展在技术进步中发挥着关键作用。银行放松管制对创新活动的数量和质量都产生了显著的有益影响，尤其是对于高度依赖外部资本且距离进入银行较近的企业。

（5）金融发展缓解金融摩擦促进技术创新和经济增长。金融服务观点强调了在创建健全的金融服务时，拥有发达的银行和金融市场的重要性。金融安排的产生是为了缓解市场摩擦，促进流动性，识别和分析投资前景，实施公司控制，以及规避风险，营建健康的金融经济环境，为技术创新提供高质量的金融服务，促进经济的增长。海蒂宁和托伊瓦宁（Hyytinen and Toivanen，2005）的研究结果强调，金融市场的不完善加剧了金融摩擦，制约了金融市场的增长，阻碍了金融创新活动，还证明了公共政策在缓解金融市场不完善方面发挥着重要作用。昂（2010；2011）证明金融发展对于缓解市场摩擦，进而促进知识型活动非常重要。研究结果表明，知识产权保护的缺失阻碍了知识的积累，从而影响了创新过程。为了增加创新金融资源管理的外部融资渠道，有必要建立促进金融发展的良好机构。结果还表明，对知识产权实施更严格的国家更有能力促进技术深化。当一国的制度框架表现出较高的治理质量时，知识产权保护对技术创新速度的影响更强。巴尔博萨和法利亚（Barbosa and Faria，2011）认为，信贷市场监管是创新生产的重要决定因素，认为金融发展通过改善信息共享缓解金融摩擦，从而促进创新活动，促进金融创新使企业，尤其是科技型初创金融创新企业获得信贷。

3.5 金融发展、融资依赖与经济增长

1998年,拉詹和津加莱斯发表了《金融依赖与增长》(*Financial Dependence Growth*)一文,其主要的研究内容没有集中在金融与增长之间的广泛相关性,而是通过研究金融发展影响经济增长的机制,使用倍差法(横截面数据)对避免因果关系、内生性问题以及克服遗漏变量做出了重大贡献。其具体回归模型为:

i 地区 j 行业的增长 = 常数项 + β_1 初期 i 地区 j 行业的比重

$\qquad$ + γ_1(i 地区金融发展程度 × j 行业融资依赖程度)

$\qquad$ + 误差项 $\hfill(3.29)$

在其论文中,拉詹和津加莱斯使用美国公司横截面数据为样本构建了行业外部融资依赖指数,这提供了一种广泛有效的方法来确定具体行业对外部依赖的程度,他们认为这种依赖是由技术决定的,因为在具体的经济生产活动中,有些行业由于诸多因素比其他行业更加依赖外部的资金,因此通过研究金融发达的国家(地区)特征与行业外部依赖之间的交互项是否显著,既可以解决忽略变量导致偏差,又可以减少反向因果关系对计量结果的影响,从而加强论文的结论。

基于发达金融市场降低企业外部融资成本的理论观点,他们研究了在金融市场更发达的经济体中,那些更依赖外部融资来满足投资需求的行业是否可能增长得更快。其研究结果显示,金融体系的深度似乎放松了信贷约束,发达金融市场的存在降低了外部融资的成本,而且对更加依赖外部资金的公司的增长率产生更大的影响,或者说金融系统发达的国家更依赖外部融资的行业增长更快。

1. RZ方法有效地避免了金融发展与经济增长内生性

首先,由拉詹和津加莱斯(1998)开创性地使用了研究经济增长的作

用机制的"行业研究法"（RZ方法），研究影响因素与经济增长在微观层面的具体关系，为金融发展对经济增长的作用机制提供了一种可行的实证分析支持，这就有效避免了在宏观研究中所普遍存在的影响因素与经济增长之间存在的相互作用的关系，如金融危机、通货膨胀、市场开放程度、政府负债以及政府财政支出等因素在实证分析中所存在的内生性问题，当然也包括金融发展本身。RZ方法在有效克服内生性问题的同时，使用金融发展程度与行业融资依赖程度的交叉项来描述金融发展对经济增长的影响，有效地解释了国家（或地区）间的行业差异，很大程度上克服了在跨国或者跨地区研究中，遗漏解释变量以及模型设定偏差等问题。

其次，在研究金融发展（国内信贷加上股市资本与GDP的比率）能否促进增长这个问题上，他们将行业依赖外部融资的指数定义为资本支出减去来自运营的现金流除以资本支出。然后将部门的实际增加值和一个交叉项（金融发展的替代变量乘以外部融资依赖的指数）联系起来，计量结果显示交叉项与实际增长之间存在显著的正相关关系，从而解决了金融发展和经济增长两者之间的反向因果问题。

2. RZ方法的具体作用机制

图3-1中，不同的行业由于现有技术水平不同，在生产和交换的过程中，为不同的内生要素投入比例以及利润水平不同，利润水平决定了企业可以获得的内部资金的数量。在技术创新以及扩大化生产的过程中，就会产生不同的对外部资金的需求程度，从而形成不同的行业外部融资依赖。金融发展使金融系统可以更加有效地将外部资金通过满足不同行业融资依赖的方式进行资本的优化配置，促进不同行业产出的增加，进而促进经济的增长。

在图3-2中，对于具体的行业，行业的产值增长主要通过固定资产投资、人力资本形成以及技术创新来实现，行业对资金的需求一部分来自内部资金的积累，另一部分则需要进行外部的融资，外部融资依赖的形成除了受到上述因素的影响，还受到融资成本、预期收益、行业规模、资本周期等因素的影响，外部融资成本这些影响因素反馈于金融系统，使行业获得外部资金。

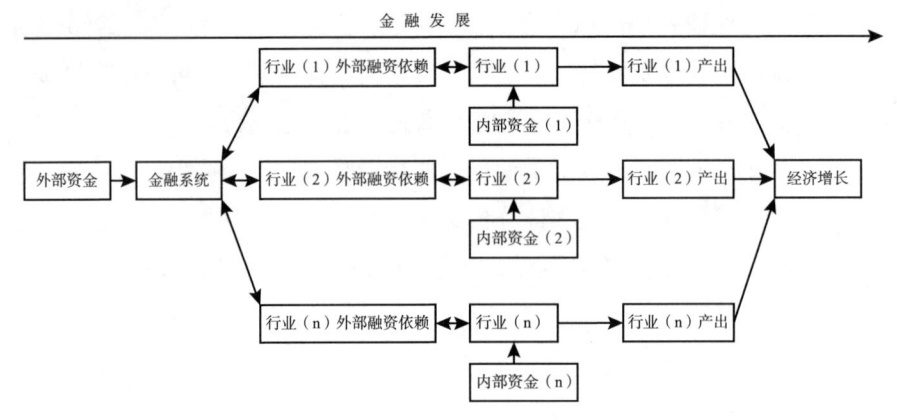

图 3-1 金融发展、外部融资依赖与经济增长

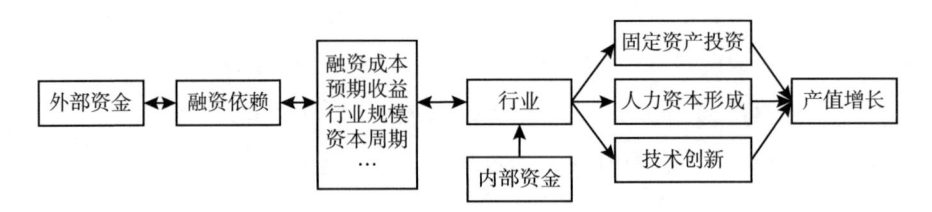

图 3-2 资本配置、外部融资依赖与具体行业产值增长

3. RZ 方法的普遍适用性

拉詹和津加莱斯的原始论文发表以来，基于外部融资依赖研究金融和增长文献中得到了广泛的应用，贝克（2003）认为从计量结果上，使用外部依赖和金融发展作为工具变量具有平稳性，从而控制了同时性偏差和可能的反向因果关系，避免金融发展和增长之间的潜在内生问题。菲斯曼和乐福（2007）以拉詹和津加莱斯（1998）的估计提供为理论基础，重新审视了金融和增长假说，提出更直接相关的替代规范，发现发达的金融机构对于有效分配资源以应对增长机会至关重要。

由于原发实证方法的问题，使用融资依赖分析金融发展问题一般仿照拉詹和津加莱斯的采用横截面数据进行跨国研究，其研究的领域主要集中在金融发展与贸易或金融发展与行业增长两个方面：

其一是贝克（2003）、梅利斯等（Mélise et al.，2009）、努鲁拉（Nurullah，2015）研究的金融发展与行业出口之间的问题，一般研究金融发展与行业出口的结论比较统一：金融发展程度对无论是发达国家还是发展中国家的具体行业侧的出口都具有很明显的促进作用，其作用机制是金融体系较发达的国家中，更依赖外部融资的行业拥有更高的出口份额，更加依赖外部资金的行业的出口企业生存时间更长。

其二是如拉文等（Laeven et al.，2002）、克拉森和拉文（Claessens and Laeven，2005）、庞和吴（Pang and Wu，2009）、沈（Shen，2013）、西蒙和亚历山大（Simone and Alexander，2013）、李连发和辛晓岱（2009）的研究。这些学者的研究都集中在金融发展和经济增长的相关问题，在对模型进行不同的替代和拓展后，金融发展问题可以体现为金融危机、银行系统发展、银行业危机、金融机构的发展等相关问题，经济增长往往更多体现为行业增长，也有产业增长或者人均收入增长，但是所有的研究都显示出了金融发展通过融资依赖显著地作用于经济增长的事实。金融发展降低了融资成本、促进了资本和人力资本的累积以及通过促进技术创新的形式使外部融资依赖更强的行业获得了更多的增长，这些都说明了 RZ 方法具有普遍的适用性。

但是使用 RZ 方法，将跨国分析变成分省份分析的视角，仅有贵斌威等（2013）使用过，中国地理上的跨度较大，在经历了 40 多年改革开放发展后，经济发展水平和金融发展水平在区域上体现出了极大的差距。经济与金融最发达的 5 个省份（北京、上海、江苏、广州、浙江）的银行业规模占总体 70% 上下，证券市场规模占总体 90% 左右。[①] 借鉴 RZ 方法，对我国金融发展对经济增长的促进作用的研究，首先需要对行业外部融资依赖进行适用性的改进、对模型进行一定的拓展，RZ 方法采用的倍差法的实证研究方式虽然具有很多优点，但是缺点也非常明显，所以需要对计量方法进行一定的改进。但是参照相关的研究成果，基于 RZ 方法，引入行业融资依赖作为金融发展与行业产值增长的纽带，在省级工业行业层面上研究金融发展与经济增长问题是可行的。

---

① 资料来源：根据 2007~2016 年《中国金融年鉴》数据汇总处理获得。

3.6 本章小结

古典经济增长理论认为金融发展主要通过资本累积促进经济的发展，内生金融理论认为金融发展促进经济增长主要通过全要素增长的方式，本章首先构建了一个包含金融因素在内的非参数估计的全要素增长的数理模型，为接下来构建经验模型提供基础。由于在内生增长框架下，经济的增长受到资本投入、人力投入和技术创新三个内生因素的影响，所以本章分析了金融发展通过影响资本累积、人力资本累积、技术创新这三种机制或者渠道促进经济增长的具体方式。由于本书基于省级工业行业视角，本章论述了金融发展在通过行业影响经济增长所使用的分析方法：金融发展通过影响行业外部融资依赖促进行业产值的增长，此方法源发于拉詹和津加莱斯（1998），其在源发论文中，对这种使用将行业外部融资依赖指数将金融发展与经济增长连接起来的方法的普遍性进行了评价。但是 RZ 方法同时也存在的一定的缺点，需要进行适用性的改进，才能对本文提供有效的实证检验支持。

第 4 章

中国金融发展与经济增长特征描述

经过 40 多年的改革开放,我国的经济发展取得了令世界瞩目的成就,无论是经济总量还是人均国民收入上,都有了长足的进步。但是自 2012 年,我国持续多年的高速经济增长的局面发生了变化,历年的 GDP 增量开始出现了下行,在新常态的背景下,为了保持经济稳定的增长,深化供给侧结构性改革,需要以金融改革作为切入点,通过金融系统的服务来优化实体行业的资源配置,调整制造业结构。作为一个以间接金融为金融系统基础的国家,我国的银行系统一直具有举足轻重的作用,债券市场自 1981 年、股票市场自 1990 年初创至今同样承担起了我国资本配置的重要作用,2012 年后互联网金融的迅速发展以及近几年的民营资本进入银行体系都在不断丰富我国的金融层次,完善资本市场,我国的金融发展从初期的宏观金融到资本市场再到目前的普惠金融,取得了长足的发展。

4.1 中国金融发展的特征描述

自我国 1978 年实施改革开放至今,我国一直保持着稳定和快速的经济增长;目前我国已经成为仅次于美国的第二大经济体,虽然与西方发达国家相比,我国的经济发展水平与金融发展水平存在一定的不匹配的问题,金融系统的市场化程度落后于其他经济领域，但是金融体系在我国经济增长中依然发挥了重大的作用。

4.1.1 中国金融发展总体特征描述

虽然我国互联网金融起步较晚，但是发展迅速。以 P2P 网贷为例，实际从 2010 年开始，至 2017 年底，其交易量每年增长 221%，[①] 但是由于发展时间较短，初始基础太小，至今在金融机构的占比依然很小，所以金融发展特征的量化分析中，本书没有把互联网金融作为比较分析的因素。在总体上，我国的金融发展主要体现出以下特征。

1. 金融规模急速扩张

金融业规模特征由银行业、债券市场、股票市场三部分组成，本书分别分析了 1990~2016 年的各个指标的环比增长情况。

银行业的规模扩张情况如图 4-1 所示，1990~2016 年，银行资产年平均增长率为 19.7%，各项存款、贷款年增长率为 20.6% 和 17.8%，职工数量和机构数增长率为 2.5% 和 0.5%，1997 年之前，银行贷款一直比银行存款要多，1997 年银行存款首次超过银行存款。银行资产增长率在 2005~2010 年保持 20% 以上的资产增长率，这与我国国有独资银行这段时间的股份制改革，国有企业、地方政府、国外银行机构认购股份有较大的关系。在货币政策稳健中性和金融监管全面从严的背景下，2011 年，银行资产增长率由 19% 逐年下降到 15%，2016 为 -5%。国有银行的净利润增长率低于全国银行业的平均数，净息差的收窄是导致净利润增长下降的主要原因，收入增长的贡献主要来自非利息收入特别是中间业务收入。伴随银行业净利润增长缓慢，2007~2015 年银行人数和机构数增长速度明显放缓，2016 年从业人数和机构都呈现负增长，分别为 -6% 和 -4%。2009 年，银行存款增

[①] 资料来源：Wind 数据库。

长32%，在金融危机的背景下，大量资金从股市回流银行。2010~2016年存贷款增长率基本持平，至2018年末，银行业金融机构总成资产同比增长6.27%，为268.24万亿元、总负责同比增长5.89%，为246.58亿元。①

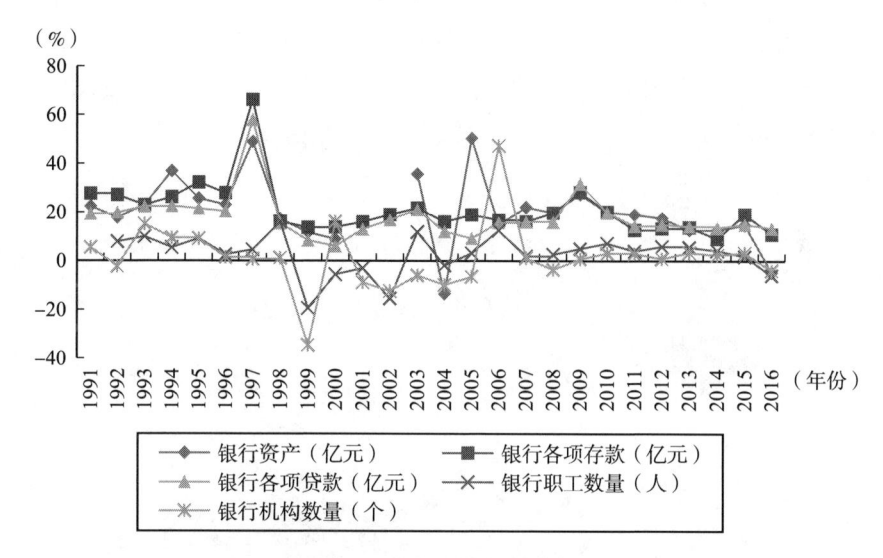

图4-1 银行业指标年增长率

债券市场规模扩张情况如图4-2所示，由于数据收集和整理问题，其中国债余额数据区间为1990~2016年，地方政府债余额数据区间为2010~2016年，金融债余额为1997~2016年，企业债余额为1999~2016年。其中政府债余额年平均增长率为20.64%，地方政府债余额年均增长76.15%，金融债余额年均增长36.17%，企业债余额年平均增长率为60.48%。2010~2016年，我国国债余额年增长10%左右，高于近7年来的GDP增长率，但是由于国债余额基数较小，加之我国财政支出大于财政收入，扩张性的财政政策有利于经济的增长，而且政府具有相应的应债能力，所以增量上尚属合理。但是2010~2016年地方政府债，年增长从32%~118%不等，至2018

---

① 中国金融年鉴[M]. 北京：中国金融年鉴杂志社有限公司，2020.

年有15个省份总负债率水平超过了60%，其中11个省份位于西部，为了实现城市化以及公共建设支出，过高的债务水平必然为未来的经济发展和金融稳定带来不利因素。而金融债余额和企业债余额年增长率在近7年下降明显，分别从26.47%和20.96%持续下降到14.6%和8.47%，体现了债券市场去杠杆化明显。至2017年底，债券市场存量为74.17万亿元，规模为40.39亿元，规模同比增长11.77%，其中金融债券占比最大，为25.81万亿元。其次是政府债券，为8.35万亿元，最后是信用债券，为5.64万亿元。

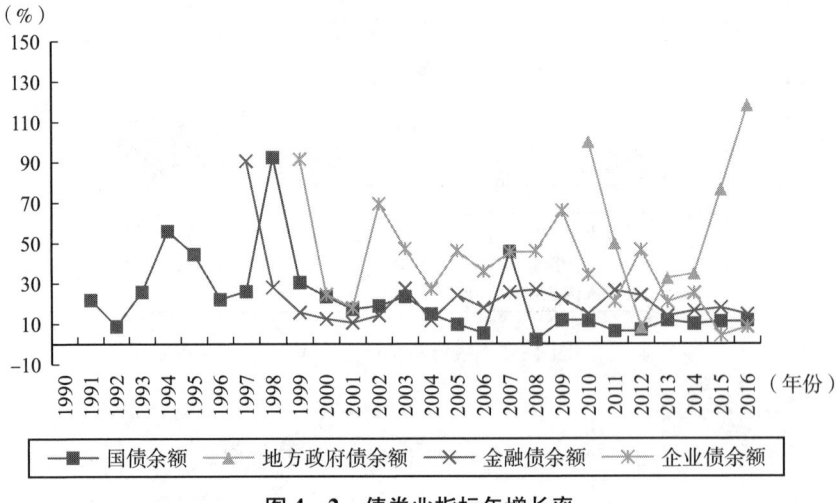

图4-2 债券业指标年增长率

资料来源：根据Wind数据库数据制表。

股票市场规模扩张如图4-3所示，我国股票市场自1990~2016年，经历过8次大幅的波动，所以关于股票市场规模的指标的历年增长率波动极大，以股票市值为例，2007年涨幅最大为265.9%，2008年跌幅最大为62.9%。但是如果忽略短期波动，关注我国股票市场发展的长期趋势，那么股票总发行股本、股票发行量、股票市价总值、股票流通市值、股票成交金额、股票筹资额、上市公司数量年平均增长率分别为31.1%、19.0%、29.4%、30.5%、36.9%、38.2%、24.6%。

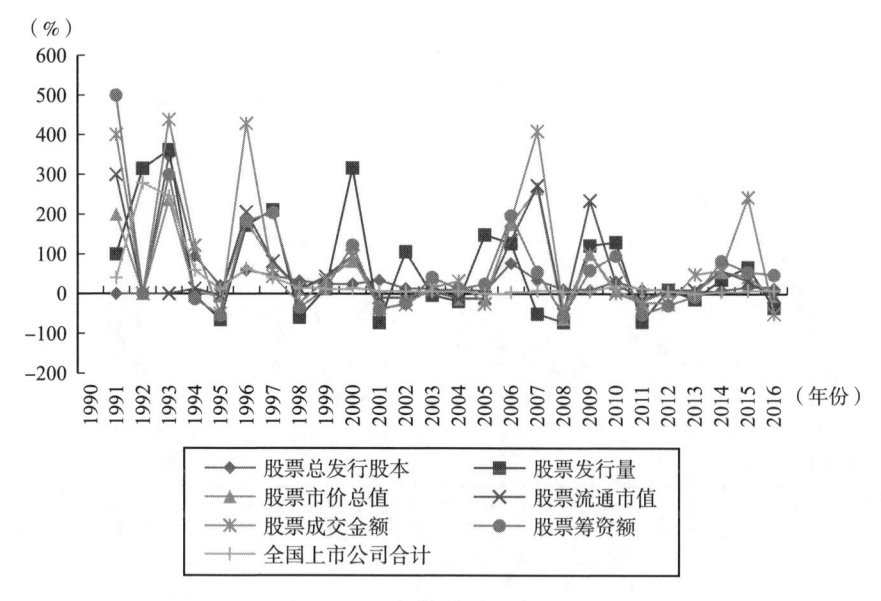

第4章 中国金融发展与经济增长特征描述

图4-3 股票市场指标增长率

资料来源：根据历年《中国金融年鉴》数据制表。

2011年股票市场大幅下跌，自2009年恢复IPO以来，持续不断的IPO融资、产业资本减持导致A股市场同年下跌21%，2012年至2016年股市值票波动相对趋于平稳，虽然2018年同比股票市值有所降低，但是我国股票市场依然是亚洲最大的股市，为5011.54万亿元，虽然股票市场规模只有美国的1/6，但是超过日本和中国香港地区股市规模30%以上。[①]

2. 金融结构特征的发展趋势

（1）货币存量增长迅猛。

如图4-4所示，从总量上看，广义货币供给量规模最大，金融机构全部贷款总额次之，有价证券及投资再次之，金融债券最小。从平均增速上看，有价证券及投资最大，金融债券次之，广义货币供给量第三，金融机构

---

① 根据Wind数据库数汇总计算获得。

贷款总额最小。

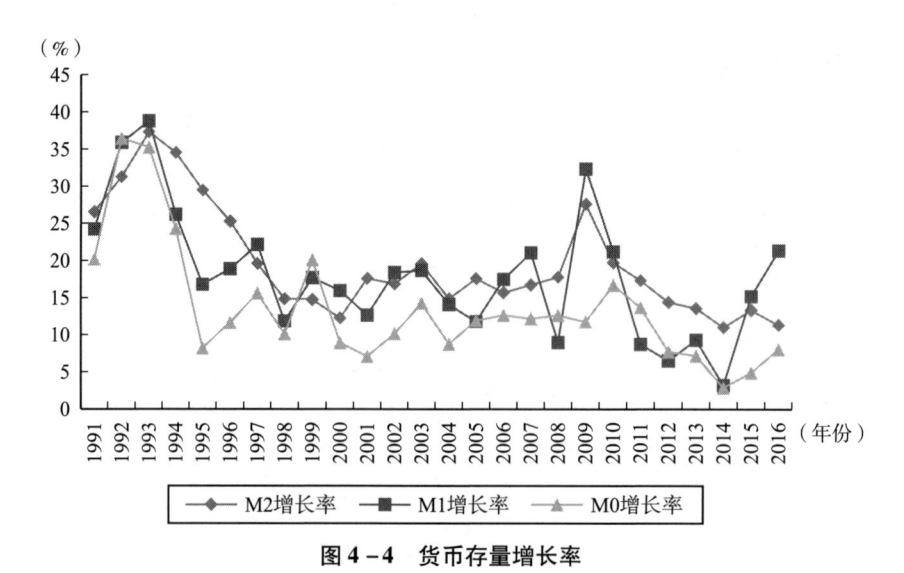

图 4-4 货币存量增长率

资料来源：根据历年《中国金融年鉴》数据制表。

M0 由 1990 年的 2644.4 亿元增长至 2016 年的 68303.8678 亿元，年平均增长率为 13.3%，自 1995 起增速相对较低且增速平稳。M1 由 1990 年的 6950.7 亿元增长至 2016 年的 486557.2374 亿元，年平均增长率 17.8%，1990~1997 年保持高速增长，1998~2008 年增速相对放缓，2009~2010 年增速加快，2011~2014 年增速下降后 2015~2016 年快速上涨。M2 增速相对较平稳，由 1990 年的 15293.4 亿元增长至 2016 年的 1550066.67 亿元，年平均增长率 19.4%，1990~1997 年一直保持高速增长，1998 年至 2008 年增速放缓，且在 2009 年增速小幅加快后持续放缓。2017 年底，M0、M1、M2 分别为 7.06、54.38、167.68 万亿元，同比增长 3.4%、11.8%、8.2%。

（2）金融资产结构增长趋势良好。

从增长额上看，如图 4-5 所示，广义货币供给量仍保持最大规模，2012~2016 年，有价证券及投资增长趋势良好。从 1990~2016 年（见图 4-5），全部资产总额由 33107.3 亿元上升至 3116110.18 亿元，增长了 93.1

倍；其中，广义货币供应量 M2 由 1990 年 15293.4 亿元增长至 1550066.67 亿元，增长了 100.3 倍；全部金融机构贷款总额由 1990 年的 17680.7 亿元增长至 1066040.06 亿元，增长了 59.3 倍；有价证券及投资由 1990 年 24.9 亿元增长至 468424.57 亿元，增长了 18811.2 倍；金融债券由 1990 年 108.3 亿元增长至 31578.88 亿元，增长了 290.6 倍，至 2018 年末，金融资产规模达到 293.52 万亿元。

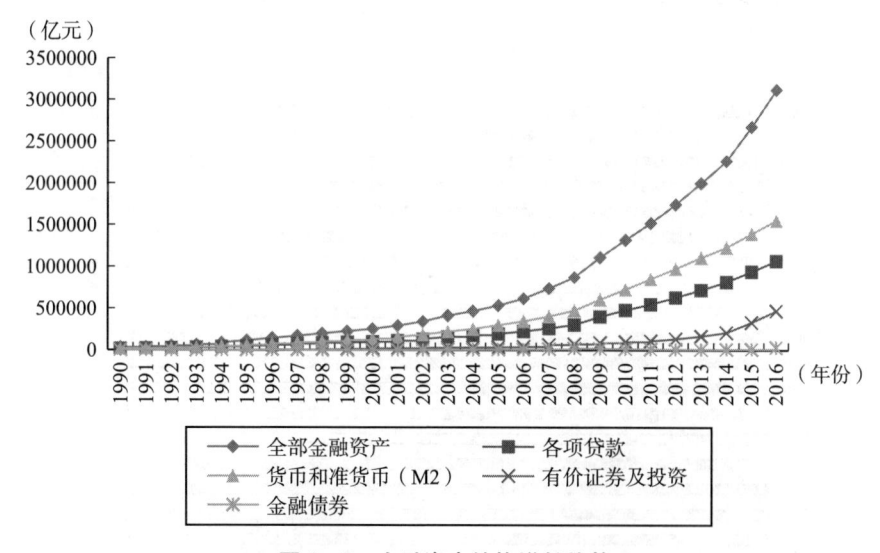

图 4-5 金融资产结构增长趋势

资料来源：根据 Wind 数据库数据制表。

（3）金融资产多元化发展迅速。

资产的结构由 20 世纪 90 年代初只有 M0、金融机构存款、金融机构贷款和国债，发展到 2016 年，形成了 M0、金融机构贷款、金融机构存款、国债、企业债券、金融债券、股票市场为主的金融结构（见图 4-6）。其中，M0 在 1990 年为 2644.4 亿元，占全部金融资产的 7.5%，2016 年 M0 为 68303.9 亿元，年平均增长率为 13.3%，但是占全部金融资产的比值却下降为 2.0%。M0 本身存量的上升和同比的下降有力地证明了我国居民和企业等微观主体持有的金融资产呈现多元化的发展趋势。但是金融机构存款和金融机构贷款这两项金融资产一直占据非常大的比重，金融机构存款和贷款在全部金融资产占比虽然从1990年的89.9%逐年下降，但是到2016年依然占74.3%，我国的金融市场虽然经历了多年的改革开放，仍呈现以银行为主体的金融结构。同时金融机构存贷比从1990年的0.79平稳增长，1994年存贷比接近1，2016年存贷比高达1.41，这在一定程度上说明我国城镇居民收入水平有明显的提高，但是存贷比连年的增高也说明了我国目前以银行系统为基础的金融市场体系的资金配置效率、营利能力低下。

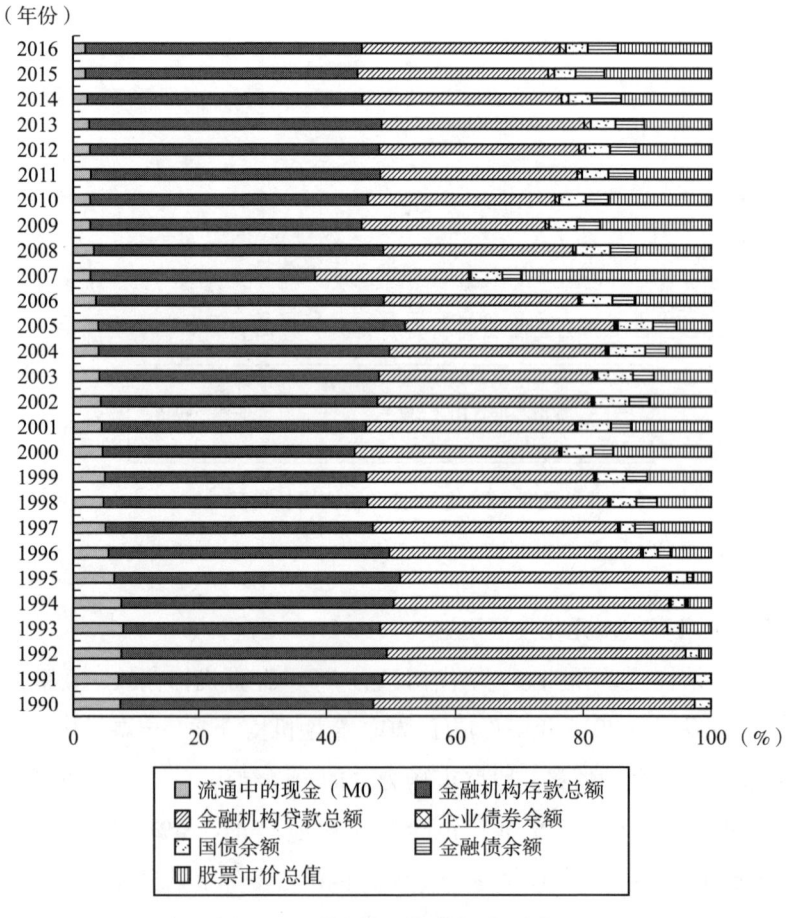

图4-6 金融资产多元化发展程度

资料来源：《中国金融年鉴》、Wind数据库数据。

第4章 中国金融发展与经济增长特征描述

在各种有价证券的同比中，国债占比由1990年的2.6%上升到2016年的3.4%；企业债券由1998年的0.1%上升到2016年的1%；金融债券占比由1990年的0.2%上升到2016年的4.7%；股票市值占比由1992年的1.9%上升到2016年的14.7%，有价证券整体增长迅速，说明我国金融系统中，直接金融的融资方式增加迅速（见图4－7），有效提高了我国金融发展的真实水平。但是相比较银行信贷的占比，我国有价证券（直接融资）占比目前依然较低，2018年末仅为23.7%。

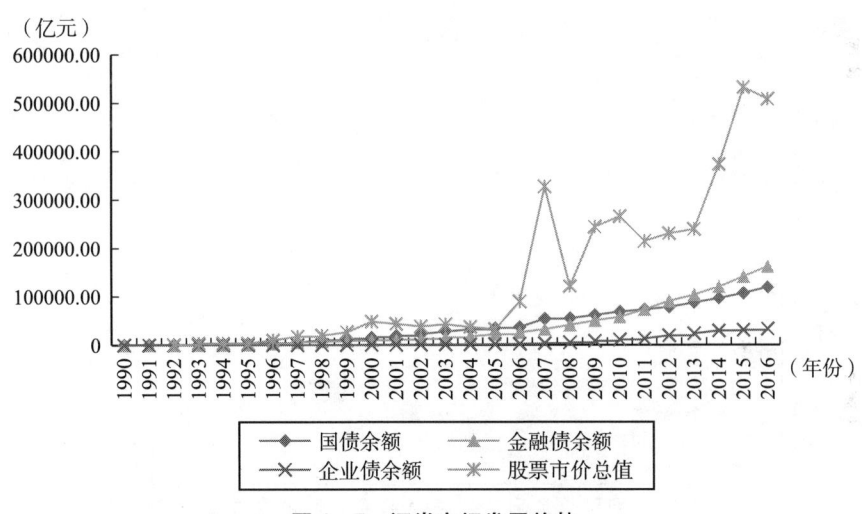

图4－7 证券市场发展趋势

（4）金融发展指数分析。

经济金融化水平指标又称金融相关率（FIR），由戈德斯密斯（1973）定义为金融总资产与GDP之比，是衡量金融上层结构相对规模的最广义指标，反映了金融总量和国民收入总量之间的关系；经济货币化水平指数由麦金农（1973）所使用的广义货币量（M2）与国内生产总值（GDP）之比来表示，反映在经济活动中以货币作为交易媒介的发展程度，可以反映一国经济的交易活动货币的衡量程度；经济证券化指数由有价证券存量与内生产值（GDP）之比来表示，衡量证券市场在国民经济中的重要程度，反映了一国直接融资在经济发展中结构。

如图4-8所示,我国的经济金融化水平、经济货币化水平和经济证券化水平在1990年分别为175.4%、81.0%、19.5%,至2016年为419.1%、208.5%、200.4%,平均增长率分别为3.4%、3.6%、9.4%。相比较而言经济金融化和经济货币化增长率相差不多,近年来,只有2009年增长率为16.5%和16.8%。2010~2016年,忽略经济波动的影响,经济金融化水平和经济货币化水平上涨平稳。相比较经济金融化和经济货币化的平稳上涨,经济证券化水平极其迅猛,2014~2016年分别为12%、29.8%、24.5%,这主要源于我国股票市场的结构性提速。

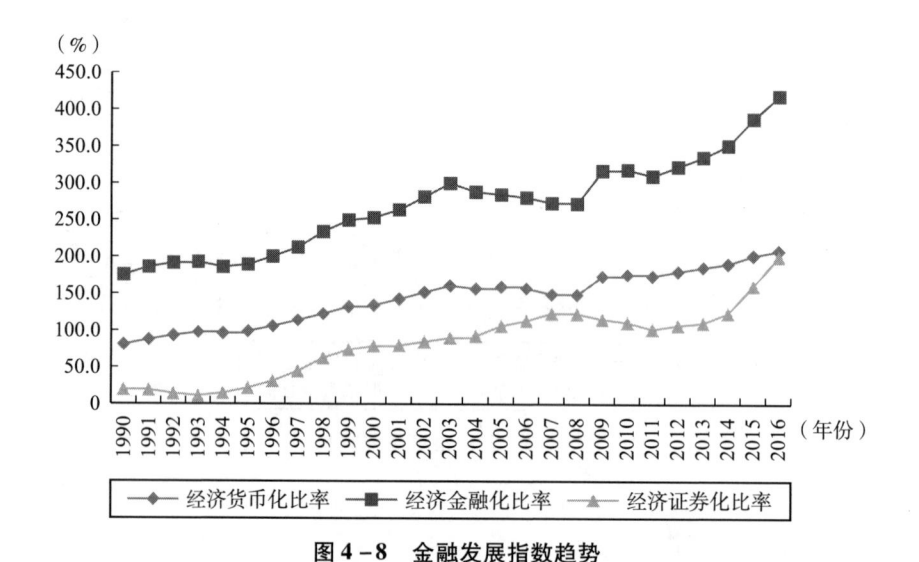

图4-8 金融发展指数趋势

资料来源:根据《中国金融年鉴》、Wind数据库数据制图。

如图4-9所示,M0和M1的比值体现为一国的货币支付能力,其比值从1990年的38%降低到2016年的14%,平均每年下降3.8%。除了2009年特别因素除外,每年都在平稳下降。首先,M0和M1的比值受到我国经济发展导致国民收入增加的影响,居民持有现金的比例下降。其次,这说明了我国居民的支付手段的增多,尤其是信用支付、第三方支付模糊了货币的界限，是支付手段增强的一种体现。M1 和 M2 的比值体现一国的货币的流动能力，可以体现居民企业等微观主体的盈利水平，其比值从 1990 年的 45.4% 平稳下降到 2016 年的 31.4%，年平均下降 1.4%。M1 增量速度除了少数几年都低于 M2 的增速，这说明国民收入更大比例地转化为了定期存款等流动性较差的资产，反映了我国居民和企业等微观主体的普遍盈利能力在下降。相比较我国高速的经济增长来讲，微观主体的资产盈利能力却在下降，体现为我国金融市场的金融抑制问题依然比较严重。

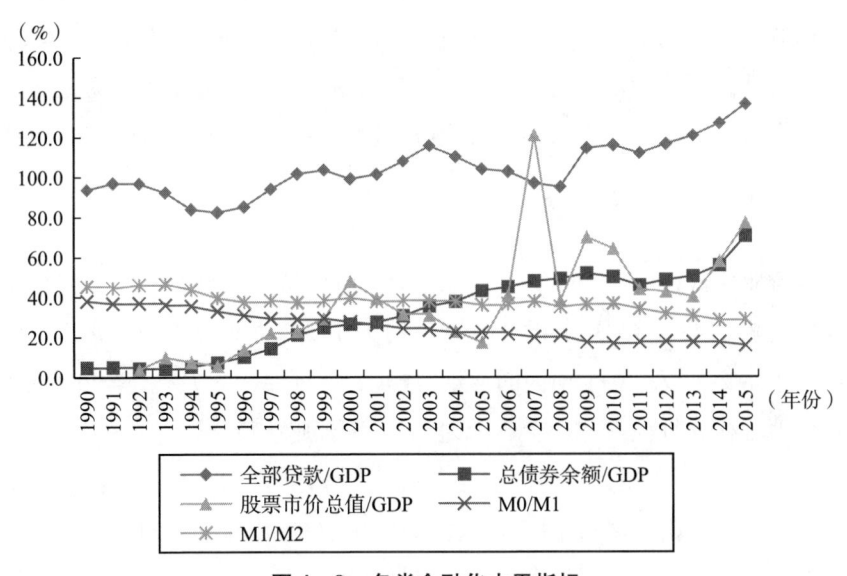

图 4-9 各类金融化水平指标

在 M1/M2 比值的下降的同时，将贷款总量/GDP、债券余额/GDP、股票市价总值/GDP 三者进行比较，全部贷款/GDP 比值由 1990 年的 93.7% 上升到 2016 年的 143.4%，平均增长为 1.6%；债券余额/GDP 的比值由 1990 年的 4.8% 上升到 2016 年的 87.5%，平均增长为 11.7%；股票市价总值/GDP 的比值由 1992 年的 3.9% 上升到 2016 年的 58.3%，平均增长为 112.7%。虽然债券余额/GDP、股票市价总值/GDP 增长速度及其迅猛，但是由于初始基数非常小，所以可以认为我国经济货币化水平主要来自贷款总量/GDP 指标的上升，金融机构的贷款规模成为金融发展的主要推动力量。至2018年末，我国的金融机构促进储蓄的能力依然在缓慢加强，但是储蓄转化为投资的能力却有下降的趋势。我国经济货币化水平指标并没有实际体现出货币作为交易媒介在经济增长中发挥出应有的作用。

4.1.2 中国区域金融规模发展特征描述

我国地域辽阔，经济发展水平和经济结构在不同的省市体现出极大的差异，而各个省市的金融市场的发展也受到区域经济发展的相对影响，体现出其不均衡性，无论是以银行业为主的间接金融，还是以股票市场为主的直接金融，在过去的10多年中，其金融规模的发展都呈现出了一定的区域差异。

1. 银行业发展特征描述

银行业存款方面，2007年，广东、北京、江苏、浙江、上海、山东6地的存款规模占我国存款总量的比例分别为12.6%、9.9%、8.2%、7.4%、7.4%、5.8%，仅这6个地区的存款规模就占总量的51.7%。至2016年底，这6个地区存款规模占我国存款总量的比例分别为12.3%、9.8%、8.2%、6.9%、7.9%、5.9%，六地区的存款规模占总量为51.2%（见表4-1）。虽然广州、江苏占比略有下降，但是浙江、上海占比有一定的上升。经济水平的差异导致居民收入以及存款上的差异在地区上表现显著。从存款历年平均增速上看，2007~2016年，经济不发达的西部地区增速较快，其中西藏、贵州、青海、甘肃、重庆的存款平均增速都超过20%，同时西部地区同时期的经济增长速度也相对较快。经济发达的东部地区和经济较发达的中部地区存款增速在16%上下。至2018年末，银行业存款最高的省份分别是广东、江苏、浙江、山东、河北等，但是北京和上海的人均存款却遥遥领先以上省份30%~50%；宁夏、海南、青海、西藏等地依然较低。

银行业贷款方面，2007年，广东、浙江、江苏、北京、山东、上海6个地区的贷款规模占我国贷款总量的比例分别为11.2%、9.5%、8.9%、

7.6%、6.9%、6.8%，6个地区的贷款规模就占总量的51.1%。至2016年底，这六个地区的款规模占我国贷款总量的比例分别为10.6%、8.5%、8.7%、6.5%、6.5%、6.0%，六地区的贷款规模占总量为47%。相对于2007年下降了4个百分点。从贷款历年平均增速上看，西藏、青海、甘肃、海南、新疆等西部省份增速最高，都超过了20%，而且这些地区的贷款增速高于当地的存款增速。

银行业存贷比方面，2007~2016年，存贷比以及存贷比增速较快的省市主要集中在以宁夏、贵州、青海为代表的经济欠发达地区以及以浙江、山东、福建为代表的东部经济发达地区，其中2007年，宁夏、贵州、青海的存贷比分别为92.8%、81.9%、79.8%；浙江、山东、福建的存贷比分别为85.9%、81.1%、81.1%；2016年6个地区的存贷比分别为100.6%、77.3%、95.6%和84.6%、76.9%、91.4%，十年间存贷比均值分别为97.7%、78.5%、82.5%和86.9%、77.5%、87.5%（见表4-1）。之所以出现这样的局面，主要的原因如下：

作为经济不发达地区，如宁夏、贵州和青海等地具有较高的存贷比，这也是其金融发展水平较低的体现，第一，这些地区由于经济发展水平较低导致了人均收入较低，在人均收入较低的情况下，能用于存款的比例会相对较低，2016年底，宁夏、贵州、青海等地区的存款量占总量只有0.4%、0.12%、0.3%。所以较低的存款基数是其存贷比高的原因之一。第二，西部地区公司总部较少，部分企业的现金流在一定程度上流向公司总部，造成了区域性的资本外流，同时互联网金融的发展造成了一定程度的居民所持有的资本外流，进一步减少了本地的存款量。第三，这些地区证券市场与经济发达地区相比比较匮乏，保险、证券、信托行业吸收、沉淀资金能力差。第四，西部地区的国有企业占比较高并且相对集中，而非国有企业占比较低。国有企业在获得贷款支持上具有天然的优势，所以相对存款水平，其贷款数量较多。

表 4-1　　　　　　　　2007~2016 年银行业存贷款相关指标

省份	各省银行业金融机构存款余额（亿元） 2007年	平均增长率	2016年	各省银行业金融机构贷款余额（亿元） 2007年	平均增长率	2016年	各省存贷比 2007年	历年均值	2016年
北京	37700.3	0.17	149144.68	19861.5	0.15	67928.90	0.53	0.52	0.46
天津	8242.07	0.17	32653.27	6543.83	0.19	30153.83	0.79	0.86	0.92
河北	14741.28	0.16	56756.02	8486.48	0.19	37825.86	0.58	0.61	0.67
山西	10111.88	0.14	33224.02	5514.18	0.17	21546.80	0.55	0.55	0.65
内蒙古	4986.06	0.18	21079.72	3803.11	0.21	20026.62	0.76	0.82	0.95
辽宁	15678.0	0.15	55399.28	10763.0	0.17	42088.28	0.69	0.72	0.76
吉林	5277.32	0.17	21673.21	4361.07	0.17	17758.21	0.83	0.76	0.82
黑龙江	7657.7	0.14	24858.57	4330.6	0.19	19310.40	0.57	0.62	0.78
上海	28168.50	0.18	120362.30	18019.40	0.15	61929.16	0.64	0.62	0.51
江苏	31337.99	0.17	125132.71	23265.83	0.17	91484.95	0.74	0.73	0.73
浙江	29030.30	0.15	104749.87	24939.90	0.15	88700.93	0.86	0.87	0.85
安徽	8485.9	0.19	40398.39	6127.9	0.20	30327.50	0.72	0.72	0.75
福建	10187.40	0.18	42740.78	8265.14	0.19	39085.53	0.81	0.88	0.91
江西	5954.42	0.20	29049.85	4083.59	0.21	21530.86	0.69	0.68	0.74
山东	22370.52	0.17	89082.76	18151.87	0.16	68513.39	0.81	0.78	0.77
河南	12669.40	0.18	55992.82	9642.60	0.16	36886.38	0.76	0.67	0.66
湖北	11206.35	0.18	47961.21	7770.87	0.18	34236.89	0.69	0.68	0.71
湖南	9155.27	0.19	42015.90	6157.51	0.19	28097.40	0.67	0.68	0.67
广东	48190.86	0.16	186050.34	29326.88	0.16	110966.90	0.61	0.63	0.60
广西	5801.04	0.19	26440.51	4331.03	0.20	21018.07	0.75	0.77	0.79
海南	1873.00	0.20	8859.23	1228.04	0.24	7714.77	0.66	0.71	0.87
重庆	6662.36	0.20	33383.41	5197.08	0.21	26628.04	0.78	0.80	0.80
四川	14088.99	0.06	18895.11	9416.16	-0.01	2627.66	0.67	0.52	0.44
贵州	3838.7	0.23	22663.06	3145.0	0.22	17540.35	0.82	0.79	0.77

续表

省份	各省银行业金融机构存款余额（亿元） 2007年	平均增长率	2016年	各省银行业金融机构贷款余额（亿元） 2007年	平均增长率	2016年	各省存贷比 2007年	历年均值	2016年
云南	7170.87	0.17	29237.29	5671.66	0.18	24642.08	0.79	0.80	0.84
西藏	643.36	0.24	4258.62	295.72	0.46	2464.41	0.46	0.46	0.58
陕西	8583.19	0.18	37914.97	5170.81	0.20	25632.33	0.60	0.62	0.68
甘肃	3764.95	0.20	18907.42	2448.16	0.24	15925.51	0.65	0.70	0.84
青海	1105.21	0.22	6046.85	882.13	0.24	5786.09	0.80	0.83	0.96
宁夏	1288.19	0.18	5594.63	1196.54	0.20	5974.37	0.93	0.98	1.07
新疆	4638.41	0.19	20673.68	2767.13	0.22	15835.11	0.60	0.66	0.77

资料来源：《中国金融年鉴》、各省金融发展报告。

而经济发展地区如浙江、山东、福建等，首先，这些地区的民营企业在国民经济中的比重较高，主要从事制造业以及商贸业，这些企业对短期的信贷需求比较大，所以呈现出更高的中短期信贷比例。其次，这些经济发达地区的企业的资金获得方式与北京、上海、广州相比，直接金融或者说从证券市场上获取资金的能力相对较低，所以其旺盛的货币需求主要通过银行的信贷系统获得。最后，这些地区的银行系统对国民经济中比重较高的外向型企业、小微企业提供了更大的信贷支持。浙江、山东、福建等地区所以呈现出更高的中短期信贷比例在某种程度上恰恰反映了这些地区良好的经济发展态势以及金融发展水平，尤其是证券市场发展真实情况。

2. 中国各省份证券市场发展特征描述

在描述各省份证券市场发展中，股票市场的起始年份采用2008年末的数据，2008年7月，受国际金融危机的影响，我国股票市场发生了波动，以北京的股票市值为例，2007年末为204030.2亿元，而2008年末为 76855.9 亿元,① 相差过大,不利于进行逐年分析。相对于间接金融市场的发展,直接金融市场发展更加迅速,在样本数据区间内,各个省市的存款平均增长率为 0.18,贷款平均增长率为 0.19,贷款增长率在总体上略高于存款;而各个省份的股票市值平均增长率为 0.36,股票交易值平均增长率为 0.50。② 虽然直接金融的规模相对间接金融规模依然较小,但是增长速度却要快得多。

股票市场发展方面,2008 年,北京、上海和广东的股票市值超过了万亿元,山东、江苏、浙江超过了 3000 亿元(见表 4-2),这 6 个省份的股票市值占总体的 78%,其中北京为 76856 亿元,③ 远远高于上海和广东,这是由于我国很多的上市企业将公司总部设置在北京。而股票市值较低的广西、海南、甘肃、宁夏、西藏的股票市值之和只占总体的 1%,股票市值规模在区域上呈现出了极大的不均衡性。至 2016 年,股票市值规模较大的分别是北京、广东、上海、浙江、江苏和山东,其中广东、浙江、江苏的股票市值增长非常显著。

2016 年,这 6 个省份的股票市值之和占总体的比例为 71%,较 2008 年下降了 7 个百分点,相对于经济发展地区,经济欠发达地区股票市值的增长速度相对更快,但是由于基数小,所以发展缓慢。在股票市值的增长速度上,经济发达地区的浙江、江苏、福建速度最快,经济欠发达地区的西藏、河南、广西、甘肃等地区增长速度最快。2017 年底,北京、广东、上海、浙江和山东的股票市值分别为 169706 亿元、98828 亿元、56994 亿元、42072 亿元、37049 亿元;广西、海南、甘肃、宁夏、西藏分别为 3158 亿元、3490 亿元、2979 亿元、792 亿元、1261 亿元。④

债券市场发展方面,各个省市的债券市场按照主体,可以分为国债、地方政府债券、金融债、企业债等,由于数据统计以及债券融资后的资本的流向等问题,本书仅分析了各个省份的金融债以及企业债的增长情况。

2007 年底,北京、上海、广东、天津、江苏债券市场规模最大,其中

---

①②③④ 基于 2009~2017 年《中国金融年鉴》数据整理加工获得。

北京、上海的企业债和金融债交易值超过了110万亿元的水平,广东、江苏、天津的交易值超过了17万亿元的水平。① 这5个省份的企业债和金融债之和为总量的81%,债券市场的集中程度略高于股票市场。

表4-2　　　　　　　　2007~2016年证券相关指标

省份	各省股票市值 2008年（亿元）	平均增长率（%）	2016年（亿元）	各省企业债、金融债交易值 2007年（万元）	平均增长率（%）	2016年（万元）
北京	76855.90	0.13	133059.03	1222630	0.99	181995303
天津	2068.73	0.22	6221.40	172594	0.71	9227971
河北	1388.65	0.35	8272.81	9138	1.81	3298424
山西	2387.37	0.24	5863.70	5055	1.95	10993997
内蒙古	820.19	0.42	5357.45	88599	0.86	2950438
辽宁	2178.00	0.30	9016.83	8074	1.79	3453744
吉林	2268.80	0.17	4948.60	29369	1.38	4072645
黑龙江	1068.60	0.30	4910.70	1105206	0.93	133163222
上海	14949.00	0.28	61384.00	204122	1.12	27091533
江苏	3471.99	0.49	36720.48	120306	1.34	28819119
浙江	3129.42	0.54	41217.53	29389	1.28	6348920
安徽	1994.00	0.36	11527.00	106238	1.05	15148010
福建	2047.49	0.45	15561.32	10696	2.88	1827913
江西	793.31	0.39	4004.30	6185	3.14	8923339
山东	3754.21	0.32	18893.91	41722	1.81	13540320
河南	739.12	0.52	6549.12	15420	1.18	395629
湖北	1814.65	0.38	11092.03	47681	1.52	19742548
湖南	1345.41	0.42	10142.40	33545	1.82	21270603
广东	11823.41	0.41	82645.74	369745	1.44	176963871

① 基于2009~2017年《中国金融年鉴》数据整理加工获得。

续表

省份	各省股票市值			各省企业债、金融债交易值		
	2008年（亿元）	平均增长率（%）	2016年（亿元）	2007年（万元）	平均增长率（%）	2016年（万元）
广西	481.89	0.46	4074.52	17259	1.00	3431248
海南	451.02	0.41	3551.45	6866	1.49	274034
重庆	608.94	0.53	6495.93	21530	4.19	6971116
四川	2772.70	0.27	9880.37	37807	1.76	17485815
贵州	1361.30	0.27	5245.97	1893	1.98	4885931
云南	1123.40	0.27	3875.95	9190	2.51	3563193
西藏	79.60	0.81	1407.61	16	161.64	53757
陕西	839.30	0.39	6946.30	19020	1.20	9127359
甘肃	449.46	0.42	2846.62	3981	1.80	1195296
青海	1443.69	-0.02	963.38	251	9.86	2890996
宁夏	159.03	0.36	817.34	681	1.31	104609
新疆	1441.47	0.31	6141.01	5137	1.97	688806

注：各省市股票市值数据来源为2008~2017年《中国金融年鉴》、各省市企业债、金融债数据来自 Wind 数据库。

2016年底，企业债和金融债交易值较高的省市分别为北京、广东、上海、江苏、浙江，5个省份企业债和金融债交易值之和占总量的76%。虽然2007~2016年，经济发达的省市金融债和企业债的总和占总体的比有一定下降，但是其集中程度依然略高于股票市场。

2007年，金融债和企业债交易值较低的甘肃、贵州、宁夏、青海、西藏之和只占总体的0.1%，至2016年底，最低的5个地区为新疆、河南、海南、宁夏、西藏，为总计的0.2%，这些经济欠发达地区的债券市场与股票市场的发展大体相当，同比增长很快，但是由于基数非常小，环比增长缓慢，虽然经过 10 年的发展，经济不发达地区的债券市场发展速度依然缓慢，其发展水平低于同区域的股市的发展速度。

至 2018 年 8 月，各个省份上市公司数量总共为 3328 家，其中广东、浙江、江苏、北京、上海分别占比 16.26%、11.48%、10.79%、8.98%、7.93%，合计占比 55.44%；而青海、云南、内蒙古、宁夏、西藏分别占比 0.42%、0.96%、0.75%、0.43%、0.45%，合计占比 3.01%。进一步显示出经济欠发达地区股票市场发展缓慢的局面。

比照上述省份的股票市值和金融债和企业债平均增长速度，上述省份的股票市值的平均增长速度普遍明显低于金融债、企业债的增长速度，其中浙江、江苏、福建等经济发达地区股票市值和金融债、企业债的平均增长率都非常显著。经济欠发达的西部地区如云南、青海、贵州等省份的股票增长平均增长率都相对缓慢，甚至出现了下降的情况，西部地区的四川和重庆却有显著的增长。比照上述省份的金融债和企业债，经济发达地区都显示出了较高的经济增长速度，经济发达地区较低的增长速度。

总的来说，比照间接金融发展指标和直接金融发展指标，相对来讲，间接金融规模依然占据主导地位，直接金融规模较小。但是经济发达地区的直接金融在数据样本区间内的增长速度远远高于间接金融，而在经济欠发达地区，其间接金融的增长速度快于经济发达地区，但是其直接金融的发展速度无论是比照经济发达地区的直接金融还是本地区的间接金融规模，其发展速度都较为缓慢。对于各个省份的金融发展，此处只是简略分析了各个省份金融规模的变化，为了避免重复，金融发展的相对指标的描述将在实证分析的部分体现。

4.2 中国经济增长及内生因素描述

众所周知，经过 40 多年的改革开放，我国一直保持高速的经济增长，数据显示，2006 年，我国人均国民总收入世界排名 129 位，依据世界银行的划分标准,我国已经步入中等收入国家行列。我国2010年名义GDP总量为5.75万亿美元,超越日本的5.39万亿美元,一举成为全球第二大的经济体。2010年我国的人均GDP达到了4370美元,跨过了高中等收入国家的门槛,排名为世界95位。据世贸组织统计,2013年我国货物的进出口总额为4.16万亿美元,其中出口额为2.21万亿美元,进口额为1.95万亿美元,超过美国货物进出口额的3.85万亿美元,成为世界第一贸易大国,我国成为120多个国家和地区最大的贸易伙伴。2017年,我国GDP总值为12.25万亿美元,美国为19.38万亿美元,我国GDP总量约为美国的63.19%。①

4.2.1 中国经济增长特征描述

1. 中国经济增长特征整体描述

自1978年改革开放以来,我国的经济发展具有明显的分段特点,即非线性特点,按照经济增长的速度以及经济改革的特点一般可以分为四段:

一是1978~1990年,市场经济初步建立,期间内,国家逐步放宽了对经济市场的管制,市场经济制度得以逐步建立和完善,由于改革开放伊始,期间内经济增长波动较大,其中1984年和1985年最高,分别为15.2%、13.4%,1989年和1990年最低,分别为4.2%和3.9%,期间内平均实际GDP增长率为9.07%。②

二是1991~2002年中国特色的市场经济制度全面建设期间,我国的改革逐步从微观层面转向宏观层面,通过财权分税制改革、转换国有企业经营机制,初步完善了国家宏观调控体系,分别对1993~1994年房地产开发过热导致的严重的通货膨胀采取了积极的紧缩政策;以及1998~2002年,

---

① 世界银行数据库。
② 根据历年《中国统计年鉴》整理后获得。

应对亚洲金融危机所导致的全球经济增长放缓、国内总需求不足采取积极扩张政策，保证 GDP 增长率的相对平稳，这段期间内实际 GDP 增长率平均为 8.28%。

三是 2003~2011 年中国特色社会主义完善发展时期，通过持续深化经济体制改革、统筹城乡发展、深化金融改革、完善宏观调控、规范市场秩序，我国进入经济高速增长阶段，2003~2011 年实际平均 GDP 增长率为 10.7%，远远高于同期世界经济 3.9% 的增长，经济总量在 2008 年超过德国、2011 年超过日本，并保持了较低的通货膨胀。①

四是 2012 年至今的新常态经济阶段，这段时期内我国的经济增长出现了明显的放缓趋势，并出现了持续的趋势，GDP 增长速度由 2012 年的 7.9% 开始出现明显放缓，并且一直持续至 2016 年（见图 4-10 和图 4-11）。

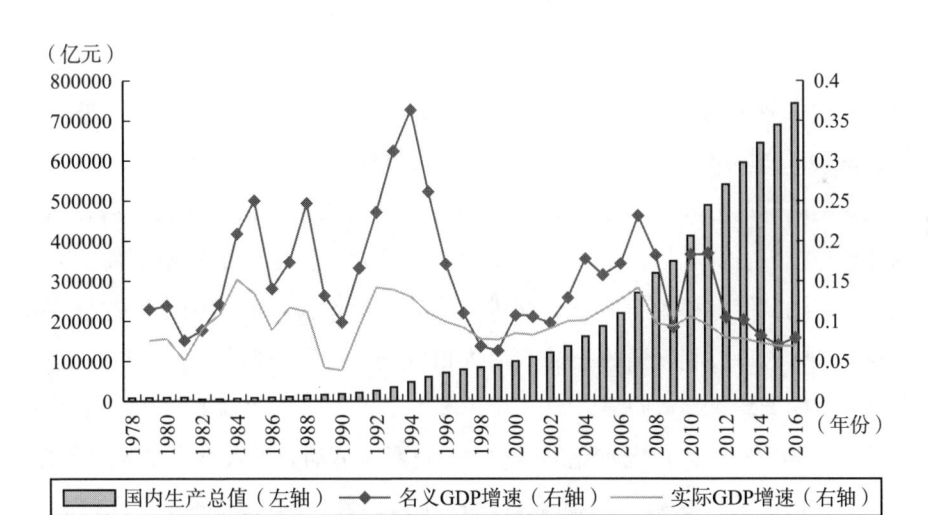

图 4-10 实际 GDP 增长率和名义 GDP 增长率

资料来源：1979~2017 年《中国统计年鉴》。

---

① 根据历年《中国统计年鉴》整理后获得。

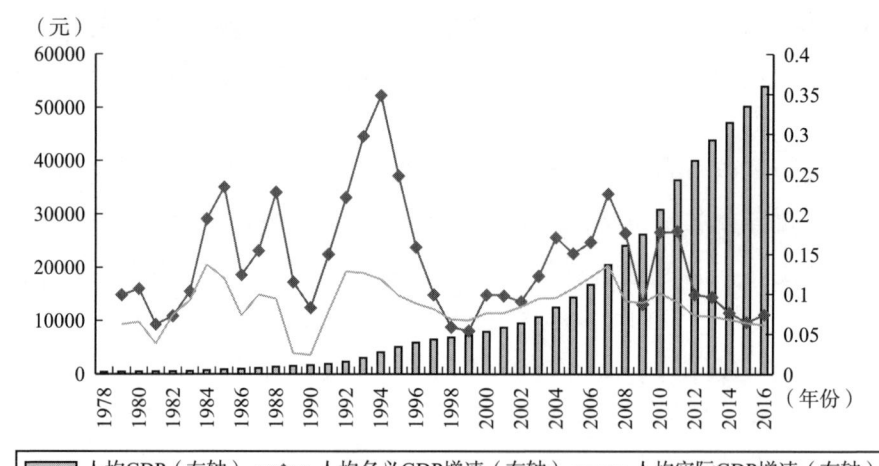

图 4-11　人均实际 GDP 增长率与人均名义 GDP 增长率

资料来源：《中国老龄事业发展报告（2013）》。

其根源主要源于以下几项：一是"人口红利"迎来拐点，截至 2012 年末，持续 20 多年劳动力充足所带来的"人口红利"迎来拐点，预计到 2020 年，我国的劳动力人口会减少 2900 多万人，劳动人口的减少对经济潜在增长的劳动力投入、资本投入、技术进步这三个因素产生巨大的影响，而且人口红利带来的高储蓄率也会降低，这进一步放缓资本投入的增长率，这也意味着我国步入人口红利逐渐收缩的"后人口红利时代"。伴随人口红利的消失，我国人口的老龄化趋势明显，2012 年我国老年人口数量达到 1.94 亿，老龄化水平达到 14.3%，人口老龄化的增加会通过影响劳动力投入影响经济的增长。

二是国民消费受限，内需不足。首先，储蓄率过高，截至 2012 年末，我国各种储蓄类别的资金（企业储蓄、政府储蓄和居民储蓄）约为 25 万亿元，占国内 GDP 接近一半；1992~2012 年，我国国民储蓄率从 39% 上升到 59%，其中居民储蓄率在两个时间节点上没有变化，都是 20%，而企业和政府储蓄率却翻了一番。[①] 其次，在收入分配方面，在第一次分配中，微观

---

① 中国统计年鉴 2013 [M]．北京：中国统计出版社，2013．

上劳动者的劳动报酬率比重较低，宏观上则表现为城镇居民收入在国民收入的比重较低；劳动的边际回报率低于资本的边际回报率；分配关系在地域、城乡、行业之间差异较大。盈利能力较强石化、电力、通信、煤炭等行业的大型国有企业的利润对全体公民分红较低，更多的利润用于投资和内部员工工资、福利的发放，加剧了行业间收入分配差距。在第二次分配中，缺乏一定的社会保证逆向调节，拉大了城乡差距。2012 年在城市工作的农业人口参加养老保险和医疗保险比例不到 20%，工伤保险不到 20%，失业保险不到 10%。2012 年基尼系数为 0.47，虽然与之前比较有所降低（2008 年为 0.49），但贫富差距增大，[①] 普通劳动者家庭尤其是农村家庭收入增长缓慢，家庭支出增加，都导致了居民消费受限、内需不足。

三是货币的流动性受限严重。首先，虚拟经济占用了大量的资金，2012 年我国非银行机构占金融机构资产规模约为 14.6 亿元，约为 2012 年 GDP 的 29%，[②] 其中银子银行为了追求更高的收益率，通过银行金融创新等渠道将大量的资金投入到业务中进行体系内循环。虚拟经济规模的迅速扩张占用了大量的资金，影响到了实体经济货币的供给，降低了货币的流动性。其次，2012 年中央和地方政府负债达 28 万亿元，2008~2012 年，我国企业负债务与 GDP 之比增长了 30%，2012 年末其比值达到 125%，债务规模约占全球企业债务规模的 1/3；政府及企业负债加剧了货币流动性梗阻。2012 年欧债危机的加剧导致我国外部需求萎缩，钢铁行业出现自 2000 年以来的首次亏损，同年钢铁行业、水泥行业、船舶行业、煤炭行业的产能使用率都低于 30%，产能过剩严重。[③]

2014 年，我国人均国民总收入超过 7000 美元，进入中等偏上收入国家。[④] 比照国际经验以及我国 30 多年经济高速增长所积累的社会问题，2014 年经济新常态概念提出，强调经济的稳定增长、经济机构的调整以及经济增长方式的转变。2012~2014 年，我国基础建设投资增长一直保

[①②③] Wind 数据库。
[④] 世界银行数据库。

持在20%左右，其增速水平远远高于房地产投资和制造业的增速水平，基础建设投资占固定资产投资超过的20%，[①] 比较国际经验，如美国和日本只有在经济发展初期或者发生经济危机时，才会有这么高的基础建设投资比例，过多和过快的政府主导投资在促进就业、拉动经济增长的同时，对私人投资产生了挤出效应。2012~2013年央行大量的货币投放并没有解决货币的流动性限制，反而引发通货膨胀。2015年11月10日，习近平总书记在中央财经领导小组第十一次会议首次提出了供给侧结构性改革，继而在中央财经小组第十二次会议上，明确了供给侧结构性改革方案的五个方向，[②] 并明确指出供给侧结构性改革的根本目的是提高社会生产力水平，通过供给侧结构性改革来实现经济的新常态增长。2016年，我国通过供给侧结构性改革，针对过剩产能进行一系列政策调整，去产能逐步展开。2017年，钢铁行业、水泥行业、船舶行业、煤炭行业债务开始减轻，资产负债率由2015年最高峰时期的62.06%下降至55.82%，同时短期盈利上升、信用风险降低。基础建设投资方面，2018年，通过优化投资对供给结构的作用，调整基础设施领域的投资，中国固定资产投资同比增长13%左右，比较2016年最高峰时期的26%下降至13%。[③]

2017年10月18日，习近平总书记在党的十九大报告第五部分中明确提出了"深化供给侧结构性改革""加快发展先进制造业""支持传统产业优化升级""培育若干世界级先进制造业集群"的指导意见。基于供给侧创新驱动以及产业结构升级，至2018年，我国先进制造业拟建项目增长显著，同比增长34.%，高于制造业整体同比增长10个百分点，先进制造业布局加速，为制造业发展质量奠定基础。[④]

2. 中国区域经济增长特征描述

由于在第5章的实证分析采用的是中国31个省份的27个工业行业作为

---

①③④ Wind 数据库。
② 习近平在中国共产党第十九次全国代表大会上的报告 [EB/OL]. 人民网. (2017-10-28) [2022-12-27]. http://cpc.people.com.cn/GB/n1/1028/c64094-29613660.html.

第4章 中国金融发展与经济增长特征描述

研究对象,所以在描述我国各个省份的经济增长的特征时,本书仅使用工业行业的产值增长作为经济增长的描述对象,我国省份以及工业行业众多,为了可以更加直观地进行描述,现将27个工业行业进行以下分类:

资本密集型行业为12个:电气机械及器材制造业、黑色金属冶炼及压延加工业、化学纤维制造业、化学原料及化学制品制造业、交通运输设备制造业、有色金属冶炼及压延加工业;石油加工、炼焦及核燃料加工业;通信设备、计算机及其他电子设备制造业;通用设备制造业、医药制造业;仪器仪表及文化、办公用机械制造业;专用设备制造业。劳动密集型行业9个:纺织服装、鞋、帽制造业;纺织业、非金属矿物制品业、金属制品业、农副食品加工业、食品制造业、烟草制品业、饮料制造业、造纸及纸制品业。资源密集型行业6个:电力、热力的生产和供应业,非金属矿采选业,黑色金属矿采选业,煤炭开采和洗选业,石油和天然气开采业,有色金属矿采选业。基于以上分类可得表4-3。

表4-3　　2007~2016年各个省份工业行业产值增长指标　　单位:亿元

地区	资本密集型 2007年工业产值	平均增长率	2016年工业产值	劳动密集型 2007年工业产值	平均增长率	2016年工业产值	资源密集型 2007年工业产值	平均增长率	2016年工业产值
北京	6973.27	0.06	6013.93	1287.36	0.16	1762.80	1621.41	0.15	4220.72
天津	8664.15	0.10	14985.53	1570.88	0.22	5360.30	1667.05	0.06	1563.72
河北	13557.25	0.13	22798.97	4427.48	0.14	11913.76	3724.77	0.07	5133.49
山西	2362.57	0.02	2580.17	6507.86	0.05	7696.09	1076.95	0.09	2051.64
内蒙古	3478.04	0.10	6357.84	1856.68	0.13	4578.48	2913.18	0.15	7686.92
辽宁	14493.23	-0.01	10822.82	4796.22	0.22	3510.56	2738.83	0.07	1331.67
吉林	4706.80	0.07	6609.70	1965.45	0.18	7075.33	1294.19	0.06	1866.79
黑龙江	2851.92	0.01	2850.87	1366.08	0.17	4522.07	3152.03	-0.02	2292.55
上海	18442.61	0.03	17436.03	3611.79	0.09	4070.32	1224.42	0.10	1124.87
江苏	45492.27	0.12	98482.32	15046.43	0.14	32781.43	3014.29	0.15	5071.72

续表

地区	资本密集型 2007年工业产值	平均增长率	2016年工业产值	劳动密集型 2007年工业产值	平均增长率	2016年工业产值	资源密集型 2007年工业产值	平均增长率	2016年工业产值
浙江	21381.68	0.07	32499.19	11214.83	0.05	16376.62	2705.80	0.12	4588.39
安徽	5883.34	0.18	19717.36	2509.09	0.22	11511.54	1908.60	0.10	2940.90
福建	6154.15	0.14	14805.99	4869.50	0.16	15323.14	1293.94	0.14	2808.61
江西	5053.59	0.22	16553.48	1943.58	0.24	10057.93	924.98	0.25	1390.04
山东	31026.20	0.12	72406.90	20310.29	0.11	45537.43	6304.59	0.09	8456.19
河南	11027.12	0.17	33064.33	8373.97	0.17	29008.18	4730.12	0.06	6226.46
湖北	7923.30	0.12	16749.36	3331.23	0.24	17788.22	1601	0.09	2635.03
湖南	6251.83	0.17	19448.75	3093.72	0.19	11953.89	1383.48	0.17	2534.96
广东	38990.69	0.14	70495.70	13098.06	0.17	26643.18	4770.14	0.10	7550.55
广西	3127.36	0.18	9960.69	1686.25	0.19	6446.04	883.41	0.15	1950.91
海南	651.48	0.21	920.55	281.32	0.07	458.03	133.79	0.32	254.57
重庆	3870.26	0.18	11117.15	971.24	0.23	4161.74	636.66	0.12	1282.93
四川	7180.70	0.13	17667.57	4235.24	0.16	13087.56	2283.82	0.11	4577.48
贵州	1288.40	0.16	3706.32	594.10	0.29	3569.22	1087.26	0.16	3267
云南	2655.34	0.05	3547.78	1360.42	0.20	3617.74	988.17	0.15	2150.97
西藏	6.81	0.14	15.18	17.76	0.23	83.96	20.25	0.22	57.79
陕西	3773.41	0.13	9451.21	997.51	0.22	4647.87	2570.34	0.11	5387.36
甘肃	2445.20	0.13	3382.34	396.9	0.17	1358.13	752.58	0.20	1502.82
青海	557.93	0.17	1460.74	88.67	0.28	466.08	447.52	0.08	664.60
宁夏	656.66	0.20	1810.92	257.06	0.17	834.76	408.86	0.18	1089.36
新疆	1769.99	0.12	3829.25	543.73	0.17	1765.56	1801.10	0.04	2048.35

资料来源：2007~2016年《中国工业统计年鉴》、Wind数据库。

12个资本密集型行业的增长方面，江苏、广东、山东、浙江、上海在2007年拥有较高的产值，这5个省份资本密集型行业在2007年的产值规模占我国整体的54.9%，而较低的贵州、宁夏、青海、海南、西藏的产值规模只占整体的1%。至2016年，最高的五个省份为江苏、山东、广东、河南、浙江，产值规模占整体的53%，其中河南资本密集型行业产值增长迅速。2016年上海市的资本密集型产业同比下降，说明资本密集型行业在样本区间内出现了一定的区域性的迁移，体现了各个省份的经济结构的调整和变化。而2016年排名最靠后的5个省份产值规模依然只占总体的1%，但是从产值增长平均速度上，西部地区的宁夏、海南、重庆、青海资本密集型行业产值增长速度都超过了17%，而北京、上海、浙江等经济发达地区的产值增长平均速度非常低。两相比较，呈现出了资本密集型产业由东向西的迁移态势。

9个劳动密集型行业方面，山东、江苏、广东、浙江、河南在2007年产值分别居于前5名，这5个省劳动密集型行业在2007年的产值规模占我国整体的55%，而最低的甘肃、海南、宁夏、青海、西藏的产值规模只占整体的0.8%。2016年，产值最高的5个省份分别为山东、江苏、河南、广东、湖北，其中位于中部的湖北产值超过了东部的浙江，这5个省份的产值规模占整体的49%。排名前5的省份产值所占百分比降低了6个百分点。产值增长平均速度上，其中年均增长超过20%的省份中，西部为贵州、青海、西藏、重庆、云南、陕西；中部为湖北、江西，劳动密集型行业也呈现出了向中西部迁移的态势。

6个资源密集型行业方面，山东、广东、河南、河北、黑龙江在2007年的产值分别位于前5名，这5个资源密集型行业在2007年的产值规模占我国整体的38%，而最低的青海、宁夏、海南、西藏的产值规模只占总体的3%。2016年，山东、内蒙古、广东、河南、陕西所占份额最高，为整体的37%；所占份额最低的宁夏、海南、青海、西藏只占2%。资源密集型企业在数据样本期间内体现出了向经济发达、人口密集的地区（如山东、广东、江苏）以及资源原产地（如内蒙古）等的迁移趋势。

总体来说，在工业行业中，北京、上海等直辖市由于工业的迁移问题，在数据上体现并不突出，东部地区相对存量巨大、中西部地区增量较快。作为老工业基地的辽宁的资本密集型行业以及黑龙江的资源密集型行业在样本区间内出现了较小的负增长，与其他中部地区相比工业产值增长缓慢。2018年底，我国的工业行业发展区域化主要体现如下：

东部地区，资源密集型行业中，提高有色金属行业的精细加工以及先进的非金属材料的应用；资本密集型行业中，加强了轨道交通、新能源汽车等装备制造业以及海洋工程装备和航空航天装备的产业集群发展；人力密集型行业重点发展了节能家电、环保家居、先进纺织与服装行业。中部地区，资源密集型行业中，提高有色金属行业产业集聚、发展石化行业的精细加工，资本密集型行业中，农业机械制造、数据机床、大功率轨道电力机车等行业发展迅速；人力密集型行业中，纺织、家电、食品加工发展较快。西部地区中，资源密集型行业逐渐承接经济发展地区的产能迁移，其中无机非金属行业、稀有金属行业发展迅速；资本密集型行业中，数控机床、风电制造、新能源汽车等产业基地发展良好；人力密集型行业农林品牌、纺织、服装等行业产业链发育完善。

4.2.2 中国经济增长内生因素分析

经济增长理论的发展主要延续两个方向。其中一个方向是，为了避免边际要素规律递减，在物质资本的累积过程中，个别厂商生产效率的提高会产生外溢效应，从而提高整个社会的生产效率，其中阿罗认为整个外溢过程是通过资本累积实现的，而卢卡斯认为是通过人力资本的累积实现的。另一个方向是内生的技术进步和创新是抵消边际要素递减规律的关键，如罗默、格罗斯曼和赫尔普曼（Grossman and Helpman, 1991）等。本哈比卜和斯皮格（Benhabib and Spiegel, 1994）认为人力资本促进经济的增长是通过提高一国的技术创新的能力、影响技术追赶和技术扩散直接影响全要素生产率的增长。

如表4-4所示，蔡跃洲和付一夫（2017）使用宏观数据以及行业数据，测算我国全要素增长中资本要素对经济增长的贡献能力高于50%，TFP接近40%，而劳动力要素只有不到6%。这与发达国家三者比例3∶5∶2相比较，我国资本要素对经济增长的贡献能力过强，并且在过去的20年间呈现加强的趋势。而金融发展对经济增长的作用机制在全要素的框架下是通过促进资本累积和提高TFP的贡献能力也就是广义的技术进步来实现的；金融发展对劳动力要素的投资基本不存在影响，但是金融发展影响全要素生产率的提高，是通过提高人力资本的累积和促进企业研发来实现的。

表4-4　　　　1978~2014年各阶段不同因素对中国经济增长的贡献　　　　单位：%

时间段	1978~1980年	1980~1985年	1985~1990年	1990~1995年	1995~2000年	2000~2005年	2005~2010年	2010~2014年	1978~2014年
资本要素投入	47.56	34.95	52.92	38.79	59.01	57.94	66.00	82.36	53.89
劳动力投入	19.79	14.49	35.93	5.08	12.93	-12.15	-1.96	-9.17	5.67
TFP	32.65	50.56	11.15	56.14	28.05	54.20	35.96	26.81	39.44

资料来源：蔡跃洲，付一夫. 全要素生产率增长中的技术效应与结构效应——基于中国宏观和产业数据的测算及分解 [J]. 经济研究，2017, 52（1）：72-88.

1. 资本累积与经济增长

改革开放之前，我国的国有资本大约占比90%，基本不存在民营资本，改革开放之后，国有资本逐渐从竞争性行业退出，只保留了能源、交通、通信等行业。随着国民经济的增长，我国的资本累积规模不断扩大。资本累积是人力资本累积和技术创新的前提，在改革开放后的30年中，投资的增长速度一直保持在7%~10%；资本累积在近几年依然保持每年3%~4%的增长率，在对过去甚至未来的一段时间内的经济增长的贡献中依然最高。部分研究结果显示资本累积在过去的20多年里对经济增长的贡献高于50%。

图4-12为1991~2016年经济增长与资本存量的关系图示，两者在图中呈现出一定的线性关系，相比较而言资本存量对经济增长的贡献能力在近10多年来呈现出先增高再降低的局面。2007~2012年，增量分布位于趋势线上方，但是随着我国经济的下行，固定资本的投资缺口一直在增加，这说

明我国的经济增长对资本的依赖程度越来越明显。但是固定资本存量的增长却呈现出较为不利的趋势，在固定资产投资方面，制造业虽然占比份额最大，超过了30%，但是其同比增速却在减慢，如2017年同比增速为3%。而房地产占比20%，但同比增速较快。2014年之前的20多年内，我国民间企业投资增速一直快于国有企业投资，2015年，国有企业投资增速开始快于民间企业，并且差距在逐步扩大，2017年国有企业投资增速约为20%，而民间企业约为3%。2018年，全国固定资产投资为635636亿元，同比增长5.9%，其中第二产业投资增长6.2%，同比增长3.0个百分点，其中高技术制造业和装备制造业分别增长16.1%和11.1%，远远大于制造业9.5%的平均水平。①

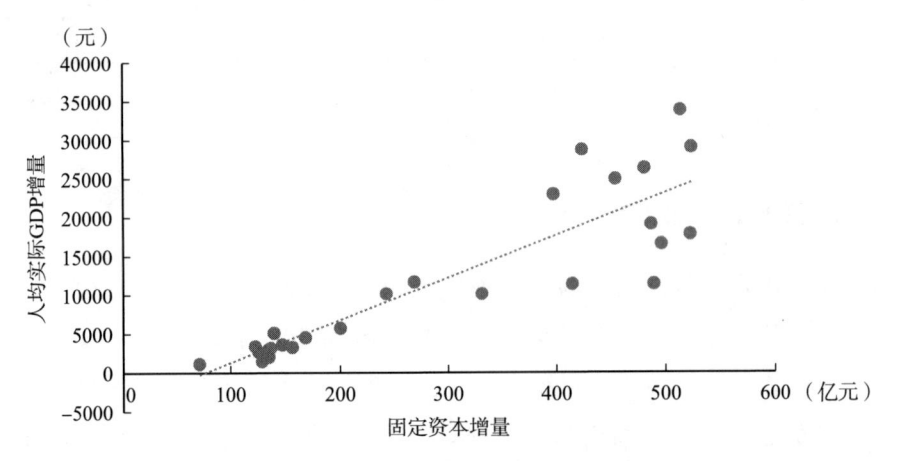

图4-12 固定资本存量与人均GDP关系

资料来源：历年《中国统计年鉴》。

2. 人力资本积累与经济增长

虽然劳动力要素投资对我国的经济增长的贡献能力较低，但是人力资本作为发达国家长期经济增长的决定性因素在经济持续发展中发挥着重要作

---

① Wind 数据库。

用,这已经被许多事实所证明。人力资本的累积一方面降低技术创新的成本,确定技术创新的方向,提高技术创新的效率,另一方面促进人才加速知识创造,从而更好地作用于技术进步。我国自1998年普通高等院校扩招以来,2003年实现毛入学率15%,跨入了高等教育大众化的门槛,2017年高等教育毛入学率已经达到45.7%,即将进入高等教育普及化阶段。大量接受良好教育且具有专业技能的人才为人力资本累积提供了充足的保障。

图4-13为1991~2016年我国经济增长和普通高等院校在校人数关系,1998年之前我国经济增长较快但高校扩招速度较慢,1999~2006年,我国人均GDP平均增长率为8.9%,高等院校在校生平均增长率为25%;2007~2016年,我国人均GDP平均增长率为8.4%,高等院校在校生平均增长率为4.5%。高等院校在校生人数受到历年招生数量和毕业生数量的影响,由于自1999年高校扩招开始,历年入学人数增长非常迅速,在一定程度上导致了教育过剩问题的出现,造成了人力资本资源配给过多甚至浪费的局面,所以自2006年之后,在招生人数增加的前提下,部分省份的录取率开始出现了一定的降低。在保证人力资本累积的同时,控制其增速,实现人力资本的优化配置。2018年,我国高等教育在学总规模达到3833万人,毛入学率达到48.1%。

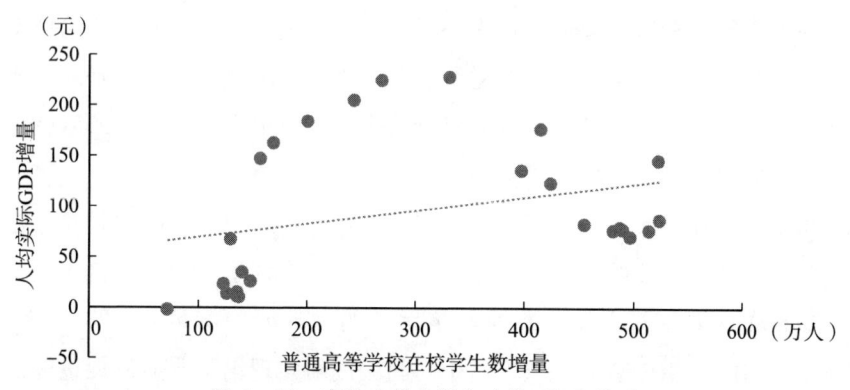

图4-13 高校在校人数与人均GDP关系

3. 技术创新与经济增长

技术创新、技术扩散和技术转移是技术进步的主要途径，技术创新又是技术扩散和转移的基础。自改革开放以来，我国技术创新取得一系列显著的成果，并为经济增长提供了强劲的动力。首先知识产权的产出水平上涨迅速，2007~2016年，发明专利的年增长率都超过了10%，2010年开始我国发明专利申请量位居世界第一。至2017年我国拥有最多的研发人员，研发投入费用总量1.75万亿元位居第二，仅次于美国。[①] 其次，高新技术产业规模持续高速增长。2007~2016年，以航空航天设备制造、电子通信设备制造、新能源汽车为代表的高新技术行业以及新兴战略行业产值增长迅速，明显高于整体规模以上的工业增速，2018年，通信设备制造业中的第五代通信技术开始服务于通信市场，制药行业获批新药数量大幅提高。同年我国全球创新指数首次进入前20，居第17位。

图4-14为1991~2016年我国科技研发投入与人均GDP产值之间的线性关系，其中经济增长与科技研发投资线性关系按照趋势线可以分为三个阶段，2000年以前，这段时间相对经济增长速度，我国的科技研发投入力度较小。这种较少的研发投入带来了可观的经济增长，由于在这段时间内我国通过引进外商直接投资的方式实现了技术的引进，外商直接投资所带来的先进的加工工艺和管理经验通过技术外溢的形式实现了所在行业整体的技术进步，这种技术引进带来的技术外溢所需要的研发成本非常小，但是随着我国经济发展水平的提高，各个行业的生产效率以及技术水平达到瓶颈后就需要自主研发来实现行业的技术进步。

2002~2007年，这段时间内，两者的增量关系位于趋势线下方，这恰恰说明了在各个行业的技术引进达到一定水平后出现了大规模的自主创新行为，但是在自主创新之初创新对经济增长的推动能力不足。2008年之后，得益于之前的自主创新的积累，这个时间段创新表现出了明显的促进经济增

---

① 2008~2017年《中国科技年鉴》。

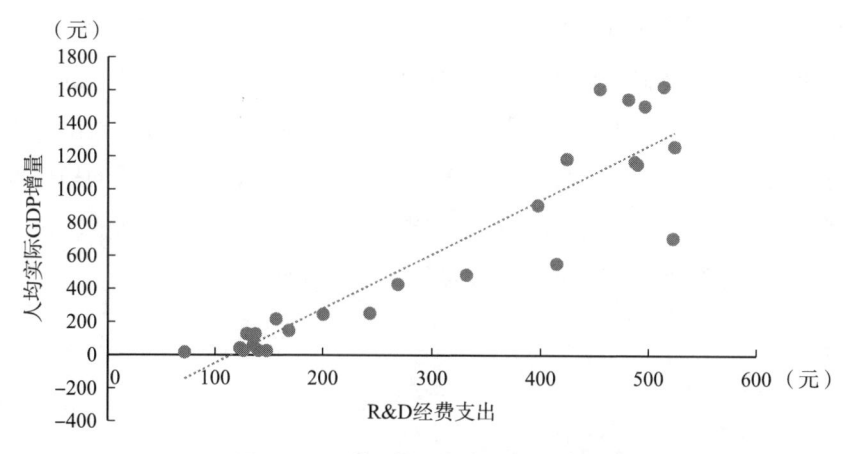

图 4-14 科研投入与人均 GDP 关系

长的作用。自 2008 年开始，我国科技研发投资显著增加，2010 年，我国当年发明专利申请量位居世界第一；2013 年研发经费总量超过日本。至 2018 年，R&D 科研经费投入为 1.96779 万亿元，同比增长 11.8%，稳居世界第二。其中广东（13.7%）、江苏（12.7%）、北京（9.5%）、山东（8.4%）、浙江（7.3%）和上海（6.9%）的 R&D 投入都达到了千亿元的水平。①

4.3 本章小结

本章首先对我国金融发展的特征进行了总体的描述和分省份的比较描述，在金融发展的总体描述中，金融规模发展迅速，但是增速明显放缓；债券市场中地方政府债过高；股票市场虽然主体上保持增长，但是波动剧烈。金融结构的特征描述中，货币存量增长过于迅猛、金融资产结构增长趋势良好、金融资产多元化发展良好；在金融发展分省份的比较描述中，发达地区的股票市值和债券交易值的基数以及增长都显著高于经济欠发达地区，经济

---

① 2008~2017 年《中国科技年鉴》。

发达地区的金融结构更加趋于合理；经济欠发达地区存贷款增长相对较快，但是股票市值以及债券交易值增长缓慢甚至为负，经济欠发达地区的融资手段单一，金融发展水平低下。在我国经济增长特征描述以及促进经济增长内生变量因素的分析中，本章对经济增长的整体情况进行了分阶段的描述，并将 27 个工业行业进行分类，进行了分省份的比较分析，结果显示，我国的工业行业在研究期间内呈现了由东向西迁移的局面。

第 5 章

中国金融发展促进经济增长实证分析

在分析我国金融发展和经济增长的文献中，自谭儒勇（1999）开始，绝大多数的研究都是基于时间序列数据所做出的计量分析，这些无论是使用OLS、单位根检验、格兰杰因果分析、协整检验、向量VAR滞后方程以及脉冲响应方程，还是个别学者使用的通过小波理论进行的分析都是基于时间序列数据的，但是作为一个经济持续高速发展的社会主义国家，货币当局为了保持经济快速而稳定的增长，往往采用逆货币周期的财政政策调节金融市场，以达到稳定经济的目的。相比较历年的GDP增速，在间接金融方面，我国的货币供给量、银行系统总资产、银行系统存贷款的增量过快；直接金融方面，股票市值与股票交易量的频繁而巨大波动与稳定经济增长之间难以构成时间序列的解释能力，这就造成了在实证分析的结果中，即使使用动态的多元滞后回归计量方式，也有很多文献结果显示金融发展与经济增长不具有显著的关系，尤其以股票市值作为金融发展替代变量时更加明显。基于这样的局面，部分文献将金融发展量化为金融量的发展和金融质的发展，或者通过金融发展与经济增长之间存在非线性来解释部分文献金融发展和经济增长计量结果不显著的原因，也有学者将我国金融发展与经济增长进行分地区研究，认为经济不发达地区金融发展对经济增长不存在显著的影响。但是本书认为经历了40多年的经济和金融改革，金融的发展必然对经济的增长存在促进的作用，但是由于存在一些不可观测或者不可计量的因素，将这种促进作用抵消了。

基于以上原因，本书尝试使用拉詹和津加莱斯（1998）在《金融依赖与增长》一文中所使用的更加普遍的计量方法，认为金融发展和经济增长是否存在因果关系的前提是金融发展促进经济增长存在必要的渠道和机制，也就是企业在其生产和发展的过程中，与金融机构产生关联的根本原因是企业存在外部融资的需要，金融发展促进经济增长的渠道正是在微观上通过满足企业外部融资的需要，为企业的生产活动提供资本支持，促进实际产品的生产和交换，进而实现了宏观上的经济增长。本书基于内生增长理论框架，通过全要素增长模型，认为金融发展促进经济增长的渠道或机制是金融发展通过影响资本累积、广义技术进步这两个内生要素进而促进了经济增长。

5.1 计量模型的构建

5.1.1 模型构建的理论假设

（1）假设每个省份地区的金融融资都是通过本省内部的金融市场实现的，不存在国外的资金的注入以及跨省的资金流动，在实际的情况下，国外资本通过直接投资和间接投资的形式流入我国省份，资本的跨省流通是实际存在的。但是基于各个具体省市的行业中的企业，通过本地的金融系统融资的比例和频度会更高，由于本书没有涉及资本跨国以及跨省流动的问题，加之这两个影响因素相对较小，故假设在各个省份的金融系统的资本配置过程中，不存在外来的资本流入问题的影响。

（2）假设在促进经济增长的三个内生要素中，资本、劳动力和技术创新三者相互独立，并具有相互的替代性，而金融系统对这三个内生要素的影响分别体现在资本累积、人力资本累积和提高技术创新的速度方面。金融系统的发展和每年可以投入的劳动力数量不具备直接关系，人力资本的累积使研发人员的研发能力提高以及技术工人技能熟练，人力资本的累积和技术的创新分别是技术进步人的体现和物的体现，所以我们将其归结于广义技术进步中。

（3）由于我们以工业中 27 个行业作为研究对象，假设各省所有的金融资源全部流向工业行业，而现实情况是金融市场的部分金融资源会流入农业和服务业，虽然由于各个省份的具体情况，会出现一定的固定效应，但是这种固定效应作为外生变量只能略微增加方程的拟合优度，而不能影响解释变量的系数的显著性，故本书对此忽略。

5.1.2 金融发展通过融资依赖促进经济增长模型

本书参照拉詹和津加莱斯（1998）的方法，将金融发展通过行业外部融资依赖作为纽带与行业的产值增长进行连接，在研究我国金融发展与经济增长问题中，根据我国的具体情况以及数据性质在回归分析前进行了适用性改进，改进后方程如下：

$$V_{ijt} = \alpha_0 + \alpha_1 V_{ijt-1} + \beta_1 S_{ij} + \gamma_1 \text{DEP}_{it} \times \text{FD}_{ij} + \sigma_1' \text{Con}_{it} + \varepsilon_{ijt} \quad (5.1)$$

在式（5.1）中，被解释变量 V_{ijt} 代表 i 地区 j 行业在 t 期的行业产值真实增加值（the real value added）。解释变量 S_{ij} 是 i 地区 j 行业在起始年占所有行业初始产值中的比重，DEP_{it} 是 i 地区在 t 时期金融发展水平，FD_{ij} 是 i 地区 j 行业在样本期间内的外部融资依赖水平。Con_{it} 是 i 地区一系列控制变量，包括各省份历年的进出口额 Trad_{it}、各省份历年的财政支出水平 Gov_{it}、各省份劳动力人口受教育程度 Edu_{it} 以及各省份的技术创新水平 Tec_{it}，ε_{ijt} 为干扰项。

在式（5.1）中，拉詹和津加莱斯（1998）的研究虽然开创性地使用外部融资变量 FD_j 作为连接经济增长与金融发展的纽带，并考虑到了行业差异带来的融资依赖的不同。但是在使用省级变量研究我国金融发展与经济增长问题中，考虑到区域金融发展的巨大差异，以及我国各个省份经济指标的体量问题，如果使用的外部融资依赖是 FD_j，认为我国不同区域所面临同样的外部融资依赖并不是特别贴切。所以本书使用了 FD_{ij}，认为行业所面对的外部融资依赖不仅仅受到行业差距影响,也受到不同区域金融发展水平的影响。之所以使用 FD_{ij} 而非 FD_{ijt} 是考虑到拉詹和津加莱斯(1998)对外部融资依赖这个指标的界定是企业在一段时间内为了满足正常的生产需求所面临的对外部资金的需求程度,所以我们假定在样本期间内,企业所面临的外部融资依赖相对来讲,不会随时间因素变动。

V_{ijt} 的增加主要受到三方面的影响。一是 i 地区 j 行业占所有行业初始产值中的比重 S_{ij}。初始产值所占的比重(份额)是衡量初始年的 i 地区、行业 j 的相对规模的程度,这个变量的回归系数 β_1 一般为负,说明了行业规模越大,增长空间越小,这符合规模报酬递减的规律,同时也具有控制着的式(5.1)的收敛速度的作用。二是 i 地区的金融发展水平 DEP_{it} 和 i 地区 j 行业中所有企业所面临的企业的外部融资依赖程度 FD_{ij},其乘积的经济学意义在于金融发展水平对具体实体行业的融资配置是通过间接影响行业的外部融资依赖程度来影响行业产出的。行业的外部融资依赖程度受到行业特性影响,不同行业为了实现最优生产,在采用特定技术之后的技术进步不变的相对时间内,会形成具有行业特点的生产要素的组合方式以及相对最优规模,这时其外部融资依赖会因行业区别有所不同,技术附加值高的行业往往面临更大的外部融资需求;而金融系统的发展会优先为更加容易创造利润或者实现快速增长的企业提供资金配置,所以 γ_1 一般为正值,在同一个区域中,不同的行业面临不同的外部融资依赖程度 FD_{ij} 和同一个金融发展水平 DEP_{it}。三是其他控制变量,包括各省份历年的进出口额 $Trad_{it}$、各省份历年的财政支出水平 Gov_{it}、各省份劳动力人口受教育程度 Edu_{it},以及各省份的技术创新水平 Tec_{it},这些变量在省级层面研究相关问题时被广泛使用。

5.1.3 金融发展通过融资依赖促进内生要素增长模型

拉詹和津加莱斯(1998)的研究方法虽然实现了通过微观环境解释相关的宏观问题,但是他们的研究却没有在行业层面(industry level)回答金融发展影响行业真实产值增加的机制或者渠道是什么。参考乔根森等(Jorgenson et al., 2005)、蒂莫等（Timmer et al., 2007）的标准经济增长核算框架，构建式（5.2）：

$$\Delta \ln V = \alpha \Delta \ln K + \beta \Delta \ln L + \Delta \ln A \text{ 其中 } \alpha + \beta = 1 \qquad (5.2)$$

式（5.2）是对多要素生产模型 $V = AK^{\alpha}L^{\beta}$ 的对数展开，V 是实际产值增加值，L 是劳动力投入，K 是资本投入，A 是全要素生产率。在本书的研究中，促进 V 增长的 3 个要素里，假设 K、L 具有同质性，在促进经济增长中，资本投入、人力资本投入具有相互的替代性。在式（5.1）中，回归结果 γ_1 如果为正值，那么结合式（5.2），可以认为金融发展促进生产率增长是通过金融发展促进整体的资金流动速度、加速要素积累和促进技术进步来实现的。K 和 L 投入的选择也体现了对资金的具体的利用方式。之前很多学者的研究都在这个方面进行了拓展。在式（5.2）的基础上，本书借鉴罗伯特和科特（Robert and Koetter, 2008）的思路构造了式（5.3）、式（5.4），用来构建金融发展通过行业外部融资依赖影响资本累积和广义技术进步的方程，通过对相应变量的回归分析，从而解释金融发展对资本累积、广义技术进步的促进作用。

$$\Delta \ln I_{ijt} = \alpha_0 + \alpha_2 \Delta \ln I_{ijt-1} + \beta_2 S_{ij} + \gamma_2 DEP_{it} \times FD_{ij} + \sigma'_2 Con_{it} + \varepsilon_{ijt} \qquad (5.3)$$

$$\Delta \ln LP_{ijt} = \alpha_0 + \alpha_3 \Delta \ln LP_{ijt-1} + \beta_3 \ln LP_{iF}/LP_{ij} + \gamma_3 DEP_{it} \times FD_{ij} + \sigma'_3 Con_{it} + \varepsilon_{ijt} \qquad (5.4)$$

在式（5.3）中，I_{ijt} 是在 i 地区 j 行业投资的增加值，S_{ij} 在这里表示在 i 地区 j 行业起始年投资在所有行业中所占的份额，其作用类似式（5.1）：β_2 一般情况下为负值，这意味着行业规模相对较高的行业继续扩大规模的速度会变慢，同时也用来控制模型式（5.3）的收敛速度。同时 $\Delta \ln I_{ijt}$ 也受到金融发展水平 DEP_{it} 和行业外部融资依赖 FD_{ij} 的乘积的影响，以及一系列其他控制变量的影响。

在式（5.4）中，LP_{ijt} 是 i 地区 j 行业人均产值，LP_{ijt} 作为人均产值指标，消除了劳动力要素投入对经济增长的影响。LP_{iF} 代表在 i 地区 27 个行业中人均真实产值在初始年最高的行业。这里借鉴了格里菲菲等（Griffith et al., 2004）测算技术进步的方法，定义 $\ln LP_{iF}/LP_{ij}$ 代表 i 地区起始年人均劳动效率的缺口，用来替代行业初始份额 S_{ij}。在这个模型中，按照经验分析，$\ln LP_{iF}/LP_{ij}$ 作为同一个地区不同行业人均劳动生产率差距，是技术进步的差距；$\Delta \ln LP_{ijt}$ 作为人均劳动生产率的增量，是技术的进步程度。$\Delta \ln LP_{ijt}$ 的影响系数 β_3 在正常情况下为负，这意味着劳动生产率相对较高的行业提高劳动生产率的速度会变慢，同时也用来控制模型式（5.4）的收敛速度。$\Delta \ln LP_{ijt}$ 也受到金融发展水平 DEP_{it} 和行业外部融资依赖 FD_{ij} 的乘积的影响，以及一系列其他控制变量的影响。

前文论述了金融发展通过影响行业资本累积、人力资本累积和技术创新的促进经济增长的机制。在实证回归中，由于缺乏省级具体的工业行业人力资本累积以及技术创新的替代变量，所以在回归检验中，只分析了金融发展通过影响资本累积以及广义技术进步（人均产值的提高）的形式促进经济增长的程度。广义的技术进步本身就是扣除资本投入和劳动力投入之后的部分，按照本书的框架，这里所指的技术进步包括新技术、新工艺的研发和使用，也包括人力资本累积所带来的技术创新的增速以及新的管理意识的产生，人力资本的累积影响经济增长的途径，也是通过影响广义技术进步来提高全要素增长的。

5.2 变量的选取以及数据的处理方法

5.2.1 变量的选取以及说明

首先，本书的研究所使用的数据样本长度比国际上同类型的要短，国外使用和借鉴拉詹和津加莱斯（1998）的研究方法所使用的样本大多超过 14 年，但是在国内，有两方面的原因对此造成了阻碍：

一是我国在 2003 年以前、2003~2006 年、2007~2011 年、2012 年至今关于工业行业的核算体系已经有过 4 次重大的变化，2003 年以前我国工业行业分类为20个，2003～2006年为21个；2007～2011年为27个；2012年之后为39个。由于使用的数据的时间样本为2007～2016年，所以2011年后的工业行业按照《2011国民经济行业分类注释》一书中的《国民经济行业分类》修订说明，将39个行业归并为的27个行业。与此同时，为了保持数据的一致性，本书选取2007～2016年10年的数据。部分数据的截止时间为2016年。二是《中国金融年鉴》上关于各个省份的股票市场的统计数据时间是自2007年开始的。那么对DEP_{it}相关指标的估计，只能由2007年开始，由此本书研究的数据样本区间为2007～2016年。

1. 行业真实产值增长、投资与劳动生产率

行业产值增长的数据主要来自历年的《中国工业统计年鉴》，由于缺乏各个行业真实产值增加值的数据，本书使用各个行业的消除通货膨胀后的产值增长率的均值来表示各个行业真实产值增加值（the real value added）。投资（资本累积）采用的是各个省份所有工业行业固定资本存量；劳动生产率采用各个省份所有工业行业人均劳动生产率。

2. 外部金融依赖

外部融资依赖衡量的是不能直接通过内部资源实现的投资，所以外部融资被其界定为：资本支出（capital expenditures）减去经营活动中的现金流动（cash flow）与资本支出的比值。其中现金流被定义为："经营活动中的现金流+存货量的减少－应收账款+应付账款"。相关学者通过实证研究，对此进行了各种调整，如拉达茨（Raddatz，2006）使用了劳动力成本/销售产值、负债/销售产值、存货/销售产值来研究企业短期内的高流动性需求产生的对短期外部的金融依赖程度，罗伯特和科特（Robert and Koetter，2015）使用平均债务/资产来研究中长期企业对外部金融的依赖程度。在国内，贵斌威等（2013）使用固定资产净增加值中营业利润之外的资金比例来测度融资依赖程度。

利用拉詹和津加莱斯（1998）可以很好地衡量行业对外部资金的依赖是

否与不同的国家或者地区有关。在此基础上，弗斯滕伯格（Furstenberg）和卡尔克罗伊特（Kalckreuth，2006）认为外部融资依赖并不仅仅是一个结构因素，而且和一定技术水平条件下的投资机会与企业内部的现金流有关。因此在系统考虑具体企业的融资外部依赖时，如企业所在的行业性质、规模程度、不同地区的行业结构、金融发展水平、技术水平等因素等看似相互独立的变量都会对其产生冗杂的影响。但是拉詹和津加莱斯以美国上市公司作为数据样本，进而认为这是因为上市公司所面临的融资约束程度很小，可以用美国各个行业外部金融依赖程度作为其他国家替代变量的推论是有待商榷的。

由此本书选取以下两类融资依赖程度的指标：

（1）债务/资产，这是资产负债比的倒数。由于债务可以分为短期与长期两种，我们所采用的负债是长期负债，可以用这个指标体现出比较长的时间内的外部融资依赖程度。在选取这项指标时，对极端数据进行了剔除。

（2）存货/销售产值（短期），也称为高流动性需求。存货是企业生产中变现能力最强的资源，其变现能力比贷款、应收账款都要强，销售产值体现了企业对资源的获得和利用程度。拉达茨（2006）中对这类短期的外部融资依赖指标进行了详细的论述及测算。相比较而言，存货/销售产值的数据非常稳定，没有出现奇异数据，这也预示了其作为外部融资性需求的数据具有很好的代表性。

本书选取债务/资产和存货/销售产值这两个指标衡量行业外部融资依赖程度，主要试图回答在使用拉詹和津加莱斯（1998）的方法来测算我国行业产值增长与金融发展程度的问题上，哪一类外部融资依赖替代变量具有更加显著的解释能力。

3. 金融发展水平

我们试图通过金融中介和证券市场两个部分金融发展水平，来说明间接金融和直接金融发展水平与我国各个地区经济发展之间的内在关系。在测算金融中介发展程度上，国内早期文献多采用麦金农（McKinnon，1973）提出的衡量一国金融深化的数量指标：M2/GDP，它反映了一个国家的金融中介所能提供的流动性的能力，使储蓄可以以不同的形式保留在市场内，从而达到动员储蓄的目的。

贝克和莱文（2000）以及莱文（2002）在研究中分别简化了世界银行（1999）提出的一系列金融发展指标，提出了（私人部门信贷+股票交易额）/GDP 金融发展指标——金融活跃程度；（私人部门信贷+股票市值）/GDP 金融发展指标——金融总规模指标。本书在衡量我国各个省份的直接发展水平时，使用股票市值/GDP 衡量股票市场的活跃程度，使用公司债、企业债/GDP 衡量债券市场的活跃程度。

由此我们选取了以下金融发展指标：

（1）在金融中介指标选取上，本书选取了存款数量/实际 GDP、贷款数量/实际 GDP，并且估计了它们相对应的私人信贷1/实际 GDP、私人信贷2/实际 GDP，以此衡量金融中介的发展水平。

（2）在证券市场指标选取上，本书选取股票市值/实际 GDP 衡量股票市场发展水平；公司债和企业债交易值/GDP 衡量债券市场发展水平。

在数据选取方面，本书股票市场发展数据样本区间为 2008~2016 年，主要原因是我国股票市场在 2008 年 7 月开始，由于金融危机的影响股市下跌较大，这导致 2007 年以后的数据之后的股票市场数据与之前有非常大的差距，非常影响数据的平稳性以及回归的显著性。同时为了衡量我国债券市场发展对经济增长的影响，考虑到资金流向的问题，本书使用了金融债和企业债作为债券市场指标的替代变量，而没有使用国债发行、国债回购等数据。

4. 其他控制变量

其他控制变量中，$Trad_{it}$ 是采用各省的进出口额/GDP 作为替代变量，Gov_{it} 采用的是各省的财政支出/GDP 作为替代变量；Edu_{it} 是人均受教育程度，反映这个地区的人力资本的累积情况，采用受教育年限（小学 6 年、初中 9 年、高中 12 年、大学 16 年）与对应教育程度的人数乘积加总后除以当年总人口来衡量。Tec_{it} 是数据样本区间内各省份研发投入的专利授予量的对数值。

5.2.2　数据的处理以及说明

本书采用了我国31个省份和27个工业行业的数据作为数据样本，所以理论上，截面样本为841，但是实际上，例如西藏、海南等省份的工业行业数量不足27个，所以实际上各省行业总和为761，10年期间的样本总量为7610个。但是本书所选取的被解释变量的替代变量中存在一定的极端数据，比如北京的存款/GDP的历年数值超过了4，青海省的电器制造业的负债/资产的值超过了5。所以为了保证回归结果不受极端值的影响，我们参照伍尔格勒（Wurgler，2000）以及李青源（2010）处理工业行业数据的方式和标准，对行业变量的极端值进行了剔除，最后选取的有效样本数量为6849个。

在估计存款/GDP和贷款/GDP所对应的私人信贷指标时，本书借鉴了阿齐兹和杜恩瓦尔（Aziz and Duenwald，2002）、张军和金煜（2005）的方法估计我国私人信贷发展程度的方法，这种估计方法首先假设全部银行信贷只流向国有企业和非国有企业（即私人企业）两个部门，金融系统的资本配置要么流向国有企业，要么流向私人部门的企业，然后使用一阶自相关的面板数据对各个省份的金融中介发展水平进行估计。具体的估计方式是利用各地区2007~2016年27个工业企业中的国有企业产值/工业总产值 soe_{it} 来估计国有企业产出所占比重，将其作为解释变量，利用2007~2016年相应年度的银行信贷/地区生产总值作为被解释变量，方程具体表达如下：

$$DEP_{it} = \alpha + \beta soe_{it} + \mu_{it} + \varphi_{it} \quad (5.5)$$

$$\mu_{it} = \alpha + \rho_{\mu i} + \mu_{it-1} + \gamma_{it} \text{其中} |\rho| < 1$$

式（5.5）中，DEP_{it} 代表 i 行业 t 年的金融发展水平，soe_{it} 是国有企业产出所占比重，μ_{it} 为误差项，φ_{it} 是省份虚拟变量。α 为常数项，β 为估计值。

其中，DEP_{it} 分别使用贷款/GDP、存款/GDP作为替代变量，由于本书基于工业的27个具体的行业视角进行研究 soe_{it}，使用历年国有工业企业在总体中的总产值比例作为替代变量。估计结果如表5-1和表5-2所示，其回归结果中α的回归系数显著为正，分别为1.4和0.98，β的回归系数显著为正，分别是 0.2 和 0.18。本书估计了银行存款/GDP 和银行贷款/GDP 两个信贷量指标与国有企业产出所占比重的回归结果，结果显示了 α、β 两个数值在两个回归中的一致性，从而说明了估计结果的有效性。

表 5-1　　银行存款/GDP 固定效应面板回归（2007~2016 年）

变量	估计结果	T 值
α	1.40***	10.32
β	0.20*	1.78
R^2	0.30	
观测值	270	

注：*、*** 分别代表10%、1% 的显著性水平。

表 5-2　　银行贷款/GDP 固定效应面板回归（2007~2016 年）

变量	估计结果	T 值
α	0.98***	10.32
β	0.18**	2.17
R^2	0.30	
观测值	270	

注：**、*** 分别代表5%、1% 的显著性水平。

回归结果显示，分别以贷款/GDP、存款/GDP 作为解释变量时，在实现单位产出时，国有企业需要获得的信贷支持比私人部门要分别高 0.2 和 0.18，也就是说国有企业在实现单位产出时，分别以存款/GDP、存款/GDP 作为替代变量，其所需的信贷配给为 1.6 和 1.16，而对应的私人部门（或非国有企业）所需要的信贷配给为 1.4 和 0.98。这一方面说明了国有企业从我国的银行系统中获得了更多的信贷支持，或者是国有企业与非国有企业相比，更加容易获得金融中介系统的信贷支持。另一方面也有可能是与非国有企业相比，我国国有企业生产效率较低导致的。其中，α 在使用存款/GDP 和贷款/GDP 作为替代变量时，具有较大的差距，这是由于我国金融中介系统存贷效率较低导致的，也有可能与资本的边际产出递减有关。

通过对本书主要统计量统计分析，得到主要统计指标的描述，如表 5-3

所示。在主要统计量描述的核心解释变量中，金融发展指标中的 $DEP_{it}6$ 具有相当大的离散程度，这与数据区间起始年经济不发达地区债券融资规模太小有关，$DEP_{it}1$、$DEP_{it}3$ 具有一定的离散程度，显示了我国各个省份的金融发展所存在的巨大差距，虽然其对应的估计出来的私人信贷1和私人信贷2的离散程度也较大，但是比照存款/GDP、贷款/GDP 来看，离散程度有所降低，这也显示出了私人信贷1和私人信贷2作为金融发展指标在统计上存在的优势，股票市值/GDP 和流通市值/GDP 相比较而言离散程度更小。行业外部依赖指标中，负债/资产、存货/销售值离散程度要小于金融发展指标，其中存货/销售值的离散程度小于负债/资产。行业原始份额、行业劳动力缺口、行业劳动生产率增加、固定投资增加的离散程度都较小。

表5-3　　　　　　　　　　主要统计指标描述

变量	变量解释	平均值	中位数	标准差	最小值	最大值	样本容量
V_{ijt}	行业真实产值增加值	0.149	0.160	0.230	-0.349	0.937	6849
S_{ij}	行业原始份额	0.041	0.023	0.054	0.001	0.658	761
$FD_{ij}1$	负债/资产	0.566	0.556	0.159	0.074	1.463	761
$FD_{ij}2$	存货/销售值	0.145	0.117	0.098	0.006	0.599	761
soe_{it}	国有控股产值/总产值	0.521	0.517	0.199	0.127	0.912	270
$DEP_{it}1$	存款/GDP	1.665	1.518	0.739	0.106	5.598	300
$DEP_{it}2$	私人信贷1/GDP	0.672	0.495	0.393	0.003	1949	300
$DEP_{it}3$	贷款/GDP	1.156	1.074	0.406	0.552	2.647	300
$DEP_{it}4$	私人信贷2/GDP	0.472	0.411	0.261	0.012	1.213	300
$DEP_{it}5$	股票市值/GDP	0.693	0.312	1.709	0.040	20.720	300
$DEP_{it}6$	公司债、金融债/GDP	2.282	0.413	6.676	0.004	50.931	300
$lnLP_{iF}/LP_{ij}$	行业劳动生产率缺口	0.394	0.398	0.175	0.013	0.735	761
$\Delta lnLP_{ijt}$	行业劳动生产率增加	0.112	0.102	0.172	-0.212	0.511	6849
ΔlnI_{ijt}	固定投资增加	0.144	0.135	0.337	-0.130	1.520	6849
$Trad_{it}$	进出口额/GDP	0.049	0.043	0.061	0.006	0.220	270
Gov_{it}	财政支出/GDP	0.052	0.046	0.060	0.006	0.211	270
Edu_{it}	人均受教育年限	8.670	8.343	0.936	6.843	12.130	270
Tec_{it}	专利授予对数值	9.770	8.763	0.978	4.574	12.510	270

注：由于各省份公司债、金融债交易规模较小，为了便于比较，此处采取的是公司债、金融债（百万元）、GDP（亿元）的比值。金融发展变量由于极端值问题没有使用北京地区。

5.3 实证分析结果

为了解决式（5.1）、式（5.3）和式（5.4）的随机误差项的序列自相关，本书在方程中添加了滞后一期的被解释变量，但是滞后一期的被解释变量与误差项之间依然存在自相关问题，这就导致估计量会出现有偏以及不一致的问题。所以本书使用了系统广义矩估计（System GMM）方法来解决式（5.1）、式（5.3）和式（5.4）的内生性问题，从而充分利用变量水平变化的信息，估计结果优于差分 GMM 和水平 GMM，同时也能较好地克服金融发展与经济增长之间所存在的潜在因果关系与内生性；与此同时，系统广义矩估计也能较好地避免不可观察或者不可计量的特定地区和特定时间效应。

5.3.1 金融发展、融资依赖和行业产值增长实证分析

通过对金融发展数据、行业融资依赖数据和行业产值增长数据的搜集、整理以及估计，分别使用金融中介发展、证券市场发展以及行业外部融资依赖作为解释变量的替代变量，使用行业真实产值增加值作为行业产值增长的替代变量，对式（5.1）进行系统广义矩估计法进行估计，数据样本的整体回归结果如表 5-4 所示，分地区回归结果如表 5-5 所示。

1. 金融发展、融资依赖和行业产值增长整体回归分析

表 5-4 回归结果表明，SC（2）是扰动项的差分二阶自相关是否为 0 的检验结果，SC（2）的检验结果表明了在 5% 的显著性水平上，扰动项的差分不存在二阶自相关；Sargan 检验是不能拒绝约束条件存在过度识别是否为 0 的检验结果，过度识别 Sargan 检验结果大于 0.5，说明在式（5.1）的回归中，工具变量与扰动项不相关，所以可以认为在实证过程中所选择的工具变量是具有有效性的。基于以上检验结果，可以认为本书的动态面板模型

表5-4 式(5.1) 整体回归结果

被解释变量: V_{ijt}	金融中介 DEP$_{it}$1	DEP$_{it}$2	DEP$_{it}$3	DEP$_{it}$4	证券市场 DEP$_{it}$5	DEP$_{it}$6
FD$_{ij}$1 × DEP$_{it}$	0.041** (2.52)	0.063*** (3.37)	0.056** (2.48)	0.085*** (3.43)	0.033 (1.21)	0.021 (1.14)
FD$_{ij}$2 × DEP$_{it}$	0.084*** (3.93)	0.226*** (4.13)	0.167*** (3.26)	0.243*** (4.08)	0.032* (1.77)	0.036* (1.91)
V_{ijt-1}	0.911*** (4.31)	0.912*** (4.31)	0.962*** (4.41)	0.936*** (4.49)	0.937*** (3.76)	0.944*** (4.34)
	0.924*** (4.33)	0.924*** (4.32)	0.924*** (4.44)		0.934** (3.47)	0.936** (4.45)
Trad$_{it}$	0.643 (1.34)	0.701 (1.45)	0.682 (1.21)	0.886 (1.21)	4.015** (2.83)	2.31*** (2.63)
	0.670 (1.12)	0.786 (1.54)	0.743 (1.16)	0.865 (1.34)	4.744*** (2.92)	2.98*** (2.71)
Gov$_{it}$	-0.78 (-1.3)	-0.90 (-1.5)	-0.81 (-1.2)	-0.99 (-1.4)	-4.01** (-2.1)	-2.11** (-2.4)
	-0.82 (-1.3)	-0.941 (-1.4)	-0.87 (-1.1)	-1.01 (-1.2)	-4.74** (-2.6)	-2.64** (-2.3)
Edu$_{it}$	0.016* (1.76)	0.016* (1.71)	0.022* (1.93)	0.026* (1.83)	0.113* (1.71)	0.012* (1.82)
	0.018* (1.74)	0.019** (2.30)	0.028* (1.78)	0.031** (2.38)	0.124** (2.32)	0.014* (1.91)
Tec$_{it}$	0.005* (1.82)	0.005* (1.88)	0.005* (1.87)	0.006** (1.71)	0.004*** (3.68)	0.005*** (3.13)
	0.006* (1.83)	0.006** (2.01)	0.006** (2.22)	0.006** (2.43)	0.004*** (3.72)	0.004*** (3.16)
S$_{ij}$	-0.15* (-1.7)	-0.17* (-1.8)	-0.17* (-1.7)	-0.19* (-1.8)	-0.13* (-1.7)	-0.07* (-1.8)
	-0.25* (-1.7)	-0.25** (-2.1)	-0.27** (-2.1)	-0.29** (-2.2)	-0.14* (-1.7)	-0.08* (-1.8)
SC(2)	0.838	0.894	0.923	0.834	0.967	0.956
	0.835	0.865	0.917	0.967	0.933	0.935
Sargan 检验	25.37	25.45	26.11	26.94	26.84	25.85
	27.64	27.38	27.45	25.45	25.38	26.56

注:回归方法为系统广义矩面板回归;表中参数估计结果均满足异方差下的稳健性;括号内为t统计量;*、**、***分别代表10%、5%、1%的显著性水平下系数不为零;常数项的回归结果省略。

设定具有一定的合理性，能够在一定的程度上解释经济增长与行业外部融资依赖、金融发展之间的动态效应。回归结果显示如下：

（1）外部融资依赖。

在被解释变量的回归分析中，$FD_{ij}1$ 和 $FD_{ij}2$ 分别为 i 地区 j 行业的负债/资产和存货/销售值。在分别使用 $FD_{ij}1$ 和 $FD_{ij}2$ 的回归分析中，采用 $FD_{ij}2$ 作为解释变量的替代变量所获得的回归结果优于采用 $FD_{ij}1$ 的替代变量。对此的解释主要有两个方面：一是 $FD_{ij}1$ 采用行业负债和资产的比值，由于数据来源于《中国工业统计年鉴》，$FD_{ij}1$ 中 i 地区 j 行业在具体到省份以及行业时，会出现负债比资产更大的情况，而 $FD_{ij}2$ 的数据分布体现出了更好的性质，所以这可能是造成上述回归结果的原因；二是 $FD_{ij}1$ 代表行业的长期融资依赖水平，而 $FD_{ij}2$ 代表短期的融资依赖水平，所以这样的回归结果也说明了我国的工业企业在经营中，对于融资问题，更加倾向解决短期资金的短缺问题，这对企业的长期发展会产生不利的影响。

本书认为，在采用行业数据而非企业数据时，拉达茨（2006）等使用可以体现企业高流动性需求的外部融资依赖指标可以更加有效地解释我国企业的外部融资依赖水平，而罗伯特和科伊特（Robert and Koetter, 2015）等使用债务/资产来研究中长期企业对外部金融的依赖程度的指标，在使用行业数据时相对缺乏解释能力。

（2）金融发展水平。

在分析金融中介的发展对整体的经济增长的促进上，通过回归分析结果比照，$DEP_{it}1$（存款/GDP）以及其对应的私人信贷水平 $DEP_{it}2$；$DEP_{it}3$（贷款/GDP）以及其对应的私人信贷水平 $DEP_{it}4$ 在对应的 8 个回归分析中，所体现出来的显著性基本类似。首先，各个省份存款和贷款本身就存在一定的相关性，这也在一定程度上说明了我国在银行系统的存贷款变化上具有相对的稳定性。这四个金融中介发展的替代变量在所有的回归中都体现出了显著的与经济增长的正向关系。这样的回归结果也印证了学者的研究结果，再次证明了金融中介（银行系统）的发展对我国的经济增长具有显著的促进作用。

在分析证券市场的发展对整体经济增长的促进上,金融发展水平 $DEP_{it}4$（股票市值/GDP）作为我国股票市场发展的替代变量,以及 $DEP_{it}5$（企业债、金融债/GDP）作为我国债券市场发展的替代变量,回归的显著性相对金融中介较差,尤其是使用 $FD_{ij}1$ 进行回归分析。但是在使用 $FD_{ij}2$ 时,无论是股票市场的发展还是债券市场的发展,都体现出了对经济增长存在相对显著的促进作用。其中,使用股票市场发展指标回归分析时,只在10%的条件下拒绝原假设,这与我国股票市场自身频繁产生巨大波动有关,但是在使用融资依赖作为交叉变量以及扩大数据样本量作为前提,还是获得了相对显著的回归结果,只是显著性较低。在使用 $DEP_{it}5$ 衡量我国债券市场发展对经济增长的促进作用时,在10%的条件下拒绝原假设,说明债券市场的发展对经济增长在整体上产生了较强的促进作用,但是债券市场发展的替代变量采用的是金融债和企业债,而占比极大的国债发行以及国债回购由于资金流向问题没有纳入,所以债券市场的发展的替代变量离散程度很大,这也在一定程度上对回归结果产生了影响。

（3）其他控制变量。

其他控制变量中,$Trad_{it}$ 作为贸易对经济增长的影响,虽然回归系数为正,但是在使用金融中介的4个替代变量时,其回归结果不显著,反而使用证券市场发展的2个替代变量时,回归结果非常显著,对此的解释是在使用金融中介的4个替代变量的回归分析中,$DEP_{it}1$（存款/GDP）以及其对应的私人信贷水平 $DEP_{it}2$；$DEP_{it}3$（贷款/GDP）以及其对应的私人信贷水平 $DEP_{it}4$ 都在1%的条件下拒绝原假设,说明这4个替代变量具有非常强的解释能力；而使用证券市场发展的2个替代变量时,由于 $DEP_{it}5$ 和 $DEP_{it}6$ 本身的解释能力不足,所以 $Trad_{it}$ 才体现出了很强的解释能力,这也进一步印证了 $DEP_{it}5$ 和 $DEP_{it}6$ 的解释能力有限,虽然使用了 FD_{ij} 作为交叉变量,并且使用省级行业数据时,在回归中体现出了一定的解释能力,但是其解释能力是弱于金融中介的。Gov_{it} 的回归显著性与 $Trad_{it}$ 相类似,同时 Gov_{it} 的回归结果为负值,这也符合之前学者的研究结果。政府的财政支出在一定程度上对企业产生了一定的"挤出效应"。人力资本累积的替代变量 Edu_{it} 以及技术

创新的替代变量 Tec_{it} 在所有的回归中,都体现出了对经济增长的促进作用,这也印证了之前学者的研究结果,说明了人力资本累积以及技术创新对经济发展的长期的、持续的促进作用。

2. 金融发展、融资依赖和行业产值增长分地区回归分析

本书在进行分地区分析时,并没有按照传统的东部、中部、西部以及东北的区分方式,而是按照实际样本区间内金融规模的大小进行区分。参照表 4-1 和表 4-2 的数据,本书将上海、江苏、浙江、福建、山东、广东、四川、湖北、天津划为金融发达地区(地区1),这些地区的存贷款量在数据期间内占整体的 90% 左右,证券市场的规模超过 90%,其他省份为金融欠发达地区(地区2)。同时,由于表 5-4 回归结果显示 $DEP_{it}1$、$DEP_{it}2$、$DEP_{it}3$、$DEP_{it}4$ 在回归估计中体现出了相同的性质,所以在接下来的回归中,考虑到篇幅问题,金融中介发展的替代变量只使用 $DEP_{it}2$、$DEP_{it}4$;同时考虑到表 5-4 的回归结果以及 $FD_{ij}1$ 和 $FD_{ij}2$ 的数据性质,接下来行业外部融资依赖只使用 $FD_{ij}2$ 作为替代变量。表 5-5 回归结果显示如下:

表 5-5　　　　式(5.1)分地区回归结果

被解释变量: V_{ijt}	金融中介				证券市场			
	$DEP_{it}2$		$DEP_{it}4$		$DEP_{it}5$		$DEP_{it}6$	
	地区1	地区2	地区1	地区2	地区1	地区2	地区1	地区2
$FD_{ij}2 \times DEP_{it}$	0.198*** (3.673)	0.143*** (3.357)	0.259*** (4.576)	0.202*** (4.336)	0.046* (1.872)	0.021 (1.213)	0.047** (2.341)	0.033 (1.431)
V_{ijt-1}	0.915*** (4.463)	0.921*** (4.491)	0.933** (4.552)	0.928*** (4.402)	0.938*** (3.8941)	0.922*** (3.677)	0.934*** (4.119)	0.921*** (4.327)
$Trad_{it}$	0.712 (1.216)	0.813 (1.181)	0.762 (1.231)	0.892 (1.362)	4.798*** (2.973)	4.353*** (2.873)	2.763*** (2.759)	2.991*** (2.643)
Gov_{it}	-0.895 (-1.237)	-0.823 (-1.040)	-1.128 (-1.212)	-0.983 (-1.361)	-4.993*** (-2.661)	-4.612** (-2.513)	-2.733** (-2.431)	-2.503** (2.334)

续表

被解释变量: V_{ijt}	金融中介				证券市场			
	$DEP_{it}2$		$DEP_{it}4$		$DEP_{it}5$		$DEP_{it}6$	
	地区1	地区2	地区1	地区2	地区1	地区2	地区1	地区2
Edu_{it}	0.035** (2.144)	0.024* (1.690)	0.038* (1.832)	0.027* (1.767)	0.169** (2.258)	0.113* (1.727)	0.015** (1.982)	0.011* (1.791)
Tec_{it}	0.006** (2.176)	0.005* (1.721)	0.006** (2.336)	0.005** (2.287)	0.005*** (3.772)	0.004*** (3.616)	0.005*** (3.617)	0.004*** (3.104)
S_{ij}	-0.221** (-2.237)	-0.182** (-2.012)	-0.411* (-1.946)	-0.23** (-2.147)	-0.197* (-1.812)	-0.093* (-1.693)	-0.087* (-1.841)	-0.073* (-1.812)
SC (2)	0.922	0.914	0.953	0.944	0.943	0.921	0.946	0.933
Sargan 检验	27.31	26.24	26.94	25.45	26.02	25.11	26.75	26.33

注:回归方法为系统广义矩面板回归;表中参数估计结果均满足异方差下的稳健性;括号内为 t 统计量; *、**、*** 分别代表 10%、5%、1% 的显著性水平下系数不为零;常数项的回归结果省略。

(1) 金融发展水平 DEP_{it}。

在对我国金融发展通过行业外部融资依赖 $FD_{ij}2$ 作为纽带,影响我国经济增长的分区域比较分析中,使用金融中介发展的替代变量 $DEP_{it}2$ 和 $DEP_{it}4$ 都显示出,金融发达地区和金融不发达地区回归结果都非常显著。但是相比较而言,金融发达地区的回归系数大于整体回归系数,金融欠发达地区的回归系数小于整体的回归系数,这与我国大多数的金融发展与经济增长区域比较研究的结果是类似的:虽然金融欠发达地区的金融发展对经济增长具有显著的促进作用,但是其促进能力是明显低于金融发达地区的。在使用 $FD_{ij}2$ 作为纽带,分析证券市场的替代变量 $DEP_{it}5$、$DEP_{it}6$ 对经济增长分区域比较中,在使用股票市场的替代变量 $DEP_{it}5$ 的回归分析中,金融发达地区股票市场的发展对经济增长产生了促进作用,而且其显著性高于整体回归的结果;但是在金融不发达的地区,股票市场促进经济增长的显著性不足。在使用债券市场替代变量 $DEP_{it}6$ 的回归分析中,也获得了相同的回归结果,而

且在使用 $DEP_{it}6$ 进行分析时，金融发达地区的回归显著性高于整体回归的显著性。四个替代变量的回归结果显示，在金融发达地区，无论是金融中介还是证券市场的发展，在数据样本区间内，都对经济的增长起到了明显的促进作用，但是在金融欠发达地区，股票市场和债券市场的发展并没有对经济增长产生显著的促进作用。

（2）其他控制变量。

其他控制变量中，$Trad_{it}$、Gov_{it}、Edu_{it}、Tec_{it} 的回归结果中与表 5-4 的回归结果类似，比较来看，贸易水平在使用 $DEP_{it}2$、$DEP_{it}4$ 时不显著，但是在使用 $DEP_{it}5$ 和 $DEP_{it}6$ 这两个金融发展的替代变量时回归结果显著，无论是使用哪个金融发展的替代变量，金融发达地区的估计参数都大于金融欠发达地区。Gov_{it} 的回归也体现出了类似的结果，体现了金融发达地区更强的地方政府的支出能力，同时也对实体经济产生更强的"挤出效应"。人力资本累积的替代变量 Edu_{it} 以及技术创新的替代变量 Tec_{it} 在所有的回归中，都体现出了金融发达地区具有更强的促进经济增长的作用，这可能与这些地区的受教育人群的教育质量有关，而教育质量除了可以影响产出外，还会直接影响技术创新。

（3）行业起始规模。

行业起始规模 S_{ij} 的主要作用是控制方程的收敛，达到方程稳态的目的，无论在表 5-4 还是表 5-5 中，S_{ij} 的估计系数都满足设定的需要。在表 5-5 中，金融发达地区的工业行业的回归系数在所有的回归中都比金融欠发达地区大，这说明金融发达地区由于经济发达，行业产值规模更大，增长的难度也就越大，体现出了相对更快的收敛速度，符合边际递减规律。

5.3.2　金融发展、融资依赖和行业资本累积实证分析

通过对金融发展数据、行业融资依赖数据和行业资本累积数据的搜集、整理以及估计，分别使用金融中介发展、证券市场发展以及行业外部融资依赖作为解释变量的替代变量，使用行业固定资本增加值作为行业资本累积的

替代变量，对式（5.3）进行系统广义矩估计法估计，数据样本的整体回归结果如表5-6所示，分地区回归结果如表5-7所示。

表5-6　　　　　　　　　式（5.3）整体回归结果

被解释变量： $\Delta \ln I_{ijt}$	金融中介				证券市场			
	$DEP_{it}2$		$DEP_{it}4$		$DEP_{it}5$		$DEP_{it}6$	
$FD_{ij}1 \times DEP_{it}$	0.158*** (3.673)		0.196*** (4.576)		0.035* (1.213)		0.040* (1.431)	
$FD_{ij}2 \times DEP_{it}$		0.216*** (3.357)		0.311*** (4.336)		0.046* (1.872)		0.051* (1.737)
V_{ijt-1}	0.937*** (4.311)	0.925*** (4.365)	0.919*** (4.267)	0.951*** (4.401)	0.974*** (3.856)	0.957*** (3.831)	0.943*** (4.347)	0.951*** (4.411)
$Trad_{it}$	0.712 (0.997)	0.744 (1.001)	0.798 (1.132)	0.812 (1.193)	4.116*** (2.876)	4.537*** (2.917)	2.427*** (2.772)	2.697*** (2.974)
Gov_{it}	-0.754 (1.134)	-0.776 (1.195)	-0.865 (1.235)	-0.993 (1.472)	-3.287** (2.231)	-3.866** (2.426)	-2.312** (2.337)	-2.458** (2.355)
Edu_{it}	0.012 (0.766)	0.013 (0.817)	0.013 (0.782)	0.015 (0.845)	0.033 (0.661)	0.039 (0.671)	0.030 (0.584)	0.037 (0.598)
Tec_{it}	0.003 (1.874)	0.004 (2.226)	0.003 (1.718)	0.004 (2.433)	0.004*** (2.778)	0.005*** (2.894)	0.004** (2311)	0.004** (2.234)
S_{ij}	0.183 (1.153)	0.147* (1712)	0.175 (1.211)	0.146* (1.763)	0.143 (1.312)	0.118 (1.335)	0.127 (1.296)	0.113 (1.393)
SC（2）	0.914	0.921	0.901	0.977	0.958	0.947	0.964	0.978
Sargan 检验	27.34	26.28	27.01	25.96	27.04	26.13	26.66	27.01

注：回归方法为系统广义矩面板回归；表中参数估计结果均满足异方差下的稳健性；括号内为t统计量；*、**、***分别代表10%、5%、1%的显著性水平下系数不为零；常数项的回归结果省略。

表 5–7　　　　　　　　式（5.3）分地区回归结果

被解释变量：$\Delta\ln I_{ijt}$	金融中介				证券市场			
	$DEP_{it}2$		$DEP_{it}4$		$DEP_{it}5$		$DEP_{it}6$	
	地区1	地区2	地区1	地区2	地区1	地区2	地区1	地区2
$FD_{ij}2 \times DEP_{it}$	0.249*** (4.153)	0.198*** (3.241)	0.397*** (4.248)	0.273*** (4.184)	0.071* (1.772)	0.046 (1.497)	0.084** (2.431)	0.051 (1.448)
V_{ijt-1}	0.922*** (4.146)	0.937*** (4.266)	0.931** (4.273)	0.947** (4.406)	0.967*** (3.975)	0.926*** (3.356)	0.941*** (4.263)	0.918*** (3.949)
$Trad_{it}$	0.798 (1.157)	0.713 (1.221)	0.892 (1.131)	0.762 (1.274)	4.671*** (2.677)	4.093*** (2.637)	3.132*** (2.671)	2.768*** (2.630)
Gov_{it}	−0.701 (−1.283)	−0.827 (−1.029)	−0.811 (−1.241)	−1.084 (−1.391)	−3.671** (−2.461)	−4.103** (−2.313)	−2.237** (−2.212)	−2.677** (2.142)
Edu_{it}	0.014 (0.784)	0.009 (0.628)	0.019 (0.901)	0.010 (0.723)	0.042 (0.878)	0.033 (0.786)	0.041 (0.984)	0.028 (0.785)
Tec_{it}	0.005 (1.531)	0.004 (1.474)	0.005 (1.317)	0.004 (1.295)	0.005*** (2.971)	0.004*** (2.764)	0.005** (2.267)	0.004** (2.035)
S_{ij}	0.112 (1.226)	0.169** (2.062)	0.127 (1.317)	0.177** (2.261)	0.197 (1.212)	0.164* (1.775)	0.087 (−1.341)	0.171* (1.851)
SC（2）	0.934	0.928	0.958	0.965	0.943	0.956	0.974	0.983
Sargan 检验	27.56	26.73	25.74	27.27	26.34	26.11	26.75	26.87

注：回归方法为系统广义矩面板回归；表中参数估计结果均满足异方差下的稳健性；括号内为 t 统计量；*、**、*** 分别代表 10%、5%、1% 的显著性水平下系数不为零；常数项的回归结果省略。

1. 金融发展、融资依赖和行业资本累积的整体回归分析

表 5–6 回归结果表明，SC（2）的检验结果表明扰动项的差分不存在二阶自相关；Sargan 检验显示不存在过度识别，所以可以认为在实证分析过程中所选择的工具变量是具有有效性的。基于以上检验结果，可以认为式（5.3）的动态面板模型设定具有一定的合理性，能够在一定的程度上

解释金融发展、行业外部融资依赖与资本累积之间的动态效应。回归结果显示如下：

（1）外部融资依赖 FD_{ij}。

在分别使用 $FD_{ij}1$ 和 $FD_{ij}2$ 的回归分析中，采用 $FD_{ij}2$ 作为解释变量的替代变量所获得的回归结果优于采用 $FD_{ij}1$ 的替代变量。对此解释类似式（5.1）：$FD_{ij}1$ 数据体现出了更大的离散性，而 $FD_{ij}2$ 的数据体现了更好的分布状况。同时长期融资依赖水平在解释能力上弱于代表短期的融资依赖水平的 $FD_{ij}2$，这显示出了不仅在工业企业生产中，而且在固定资产的增加中，企业也更加容易受到短期的行业外部融资依赖的影响，这可能也显示出了我国工业企业在企业规模增长问题上更加倾向于考虑短期债务而非长期债务。

（2）金融发展水平 DEP_{it}。

在分析金融中介的发展对我国整体工业行业资本累积程度的影响上，由于在式（5.1）的回归中，$DEP_{it}1$、$DEP_{it}2$、$DEP_{it}3$ 以及 $DEP_{it}4$ 体现出了基本相同性质，所以对式（5.3）的回归，仅使用了 $DEP_{it}2$ 和 $DEP_{it}4$。使用金融中介的两个替代变量进行回归的结果显示，无论是 $DEP_{it}2$ 还是 $DEP_{it}4$，都对资本累积具有显著的促进作用。

在分析证券市场的发展对我国整体工业行业的资本累积促进能力上，金融发展在使用 $DEP_{it}4$ 和 $DEP_{it}5$ 这两个替代变量，使用两者和 $FD_{ij}1$ 的乘积作为交叉变量时，回归结果不显著，使用两者和 $FD_{ij}2$ 的乘积作为交叉变量时，在10%的水平上拒绝原假设，所以可以认为股票市场的发展以及债券市场的发展我国工业行业的资本累积具有一定的显著的促进作用，但是其显著性是弱于金融中介的发展的。

（3）其他控制变量。

其他控制变量中，$Trad_{it}$、Gov_{it} 的回归结果与式（5.1）类似，同样也说明了金融中介的替代变量具有很强的显著性，反而使用证券市场发展的两个替代变量时，$Trad_{it}$、Gov_{it} 回归结果非常显著，这也说明了在促进工业行业资本累积中，证券市场发展的两个替代变量解释能力有限，所以在回归分析中，才导致了 $Trad_{it}$、Gov_{it} 回归结果的显著。人力资本累积的替代变量 Edu_{it}

在所有的回归中均不显著，说明人力资本的累积对资本累积不产生直接的影响，这是符合实际情况的。技术创新的替代变量 Tec_{it} 在回归中，体现出了和 $Trad_{it}$、Gov_{it} 相同的性质，本书认为技术创新对资本累积有一定的促进作用，也可能是 $DEP_{it}4$ 和 $DEP_{it}5$ 解释能力较差造成的。

（4）行业起始规模。

在式（5.1）的回归中，行业起始规模 S_{ij} 的估计参数为负数，这可以控制方程的收敛速度以及稳态，但是在式（5.3）中，回归结果显示 S_{ij} 的估计参数为正，且部分回归结果较为显著。比照发达国家的回归分析结论来看，其原因可能和我国所处的经济发展的阶段有关，我国经济总量虽然在世界排名第二，但是人均国民收入只有 60 多名，一方面是优势产业在国际上处于领先地位，另一方面传统制造业利润较低，这也和 S_{ij} 的替代变量的选取有关，目前我国资本的边际贡献率过高，并且有进一步增加的趋势，所以 S_{ij} 的参数估计为正值也是符合实际情况的。

2. 金融发展、融资依赖和行业资本累积的分地区回归分析

对于金融发展、融资依赖和行业资本累积回归分析的区域划分理由同上。同时考虑到表 5-4 和表 5-6 的回归结果，以及 $FD_{ij}1$ 和 $FD_{ij}2$ 的数据性质，接下来行业外部融资依赖只使用 $FD_{ij}2$ 作为替代变量。表 5-7 回归结果显示如下：

（1）金融发展水平 DEP_{it}。

在我国金融发展通过行业外部融资依赖 $FD_{ij}2$ 作为纽带，影响我国各个省份工业行业资本累积的比较分析中，使用金融中介发展的替代变量 $DEP_{it}2$ 和 $DEP_{it}4$ 都显示出金融发达地区和金融不发达地区回归都非常显著。但是相比较而言，金融发展地区的回归系数大于整体回归系数，金融欠发达地区的回归系数小于整体的回归系数。

在使用股票市场的替代变量 $DEP_{it}5$、债券市场替代变量 $DEP_{it}6$ 的回归分析中，金融发达地区两个替代变量对资本累积产生了显著的促进作用，其

中 $DEP_{it}6$ 的回归分析相对更加显著。但是在金融不发达的地区，证券市场发展的两个替代变量促进资本累积的显著性不足。四个替代变量的回归结果显示，在金融发达地区，无论是金融中介还是证券市场的发展，在数据样本区间内，都对资本累积起到了明显的促进作用，但是在金融欠发达地区，股票市场和债券市场的发展似乎并没有对经济增长产生显著的促进作用。

（2）其他控制变量。

其他控制变量中，$Trad_{it}$、Gov_{it}、Edu_{it}、Tec_{it}的回归结果中与表5-6的回归结果类似，比较来看，贸易水平在使用$DEP_{it}2$、$DEP_{it}4$时不显著，但是在使用$DEP_{it}5$和$DEP_{it}6$这两个金融发展的替代变量时，回归结果显著。无论是使用哪个金融发展的替代变量，金融发达地区的估计参数都大于金融欠发达地区。Gov_{it}的回归也体现出了类似的结果，只是在使用$DEP_{it}5$和$DEP_{it}6$时，金融欠发达地区的估计参数大于金融发达地区，这体现了在区域比较中，贸易对发达地区的资本累积有更大的影响，而政府支出对金融欠发达地区有更大的影响，这可能间接证明了贸易的增加对金融发达地区的工业规模扩大影响能力更强，这符合这些地区的实际情况；同时政府的支出对金融发达地区的工业规模冲击能力更大。

（3）行业起始规模。

行业起始规模S_{ij}的主要作用是控制方程的收敛，达到方程稳态的目的，在表5-6的部分回归中，S_{ij}的估计系数都出现了小部分显著为正的结果，在表5-7的回归结果中，S_{ij}的估计系数显著为正的回归增多，但是这些显著为正的回归结果都是金融欠发达地区。在这些地区，资本累积相对来讲具有更大的边际贡献率，这也反映了在金融欠发达地区，我国的工业行业相对缺乏技术创新，产值的增长主要依赖企业规模的扩大。

5.3.3 金融发展、融资依赖和行业技术进步实证分析

通过对金融发展数据、行业融资依赖数据和行业技术进步数据的搜集、整理以及估计，分别使用金融中介发展、证券市场发展以及行业外部融资依

赖作为解释变量的替代变量，使用行业平均劳动效率的增加值作为技术进步的替代变量，对式（5.4）进行系统广义矩估计法进行估计，数据样本的整体回归结果如表 5-8 所示，分地区回归结果如表 5-9 所示。

表 5-8 式（5.4）整体回归结果

被解释变量 $\Delta lnLP_{ijt}$	金融中介				证券市场			
	$DEP_{it}2$		$DEP_{it}4$		$DEP_{it}5$		$DEP_{it}6$	
$FD_{ij}1 \times DEP_{it}$	0.071*** (4.062)		0.080*** (4.324)		0.055* (1.663)		0.043* (1.893)	
$FD_{ij}2 \times DEP_{it}$		0.103*** (4.127)		0.120*** (4.456)		0.097* (1.895)		0.071** (1.993)
V_{ijt-1}	0.912*** (4.221)	0.927** (4.309)	0.920*** (4.234)	0.943*** (4.3761)	0.954*** (3.334)	0.968*** (3.684)	0.932*** (4.275)	0.946*** (4.417)
$Trad_{it}$	0.665 (0.865)	0.671 (0.895)	0.704 (0.982)	0.761 (1.051)	3.972*** (2.746)	4.041*** (2.863)	2.196** (2.456)	2.547** (2.767)
Gov_{it}	-0.516 (-0.917)	-0.547 (-1.067)	-0.632 (-1.132)	-0.694 (-1374)	-1.935* (-2033)	-2.141** (-2.156)	-1.873** (-2.362)	-1.968** (-2.376)
Edu_{it}	0.012** (2.172)	0.013** (2.235)	0.013** (2.164)	0.015** (2.358)	0.033* (1.772)	0.039** (1.975)	0.030* (1.764)	0.037* (1.858)
Tec_{it}	0.004** (2.231)	0.004** (2.387)	0.004** (2.316)	0.005** (2.461)	0.004*** (2.732)	0.004*** (2.857)	0.004** (2.254)	0.004** (2.339)
$lnLP_{iF}/LP_{ij}$	-0.152** (-2.298)	-0.167** (-2.311)	-0.159** (-2.306)	-0.171** (-2.343)	-0.155** (-2.196)	-0.169** (-2.211)	-0.151** (-2.266)	-0.163** (-2.473)
SC(2)	0.927	0.918	0.926	0.957	0.960	0.959	0.964	0.971
Sargan 检验	26.56	27.61	27.74	26.87	27.66	27.89	26.14	27.23

注：回归方法为系统广义矩面板回归；表中参数估计结果均满足异方差下的稳健性；括号内为 t 统计量；*、**、*** 分别代表 10%、5%、1% 的显著性水平下系数不为零；常数项的回归结果省略。

表5-9　　　　　　　　式（5.4）分地区回归结果

被解释变量 $\Delta \ln LP_{ijt}$	金融中介 DEP$_{it}$2		金融中介 DEP$_{it}$4		证券市场 DEP$_{it}$5		证券市场 DEP$_{it}$6	
	地区1	地区2	地区1	地区2	地区1	地区2	地区1	地区2
$FD_{ij}2 \times DEP_{it}$	0.117*** (4.473)	0.095*** (4.112)	1.20*** (4.44687)	0.107*** (4.383)	0.105* (1.754)	0.090* (1.7695)	0.085** (2.447)	0.065* (1.871)
V_{ijt-1}	0.918*** (4.174)	0.933** (4.264)	0.924** (4.248)	0.945*** (4.295)	0.944*** (3.643)	0.957*** (3.731)	0.937*** (4.158)	0.949*** (4.374)
$Trad_{it}$	0.734 (0.826)	0.596 (0.871)	0.801 (0.973)	0.694 (1.161)	4.452** (2.531)	3.964*** (2.745)	2.731** (2.473)	2.247*** (2.894)
Gov_{it}	-0.473 (-1.083)	-0.584 (-1.167)	-0.544 (-1.091)	-0.747 (-1.274)	-2.065** (-2.098)	-2.373** (-2.246)	-1.749** (-2.127)	-2.368** (-2.357)
Edu_{it}	0.014** (2.325)	0.013** (2.143)	0.016** (2.432)	0.014** (2.035)	0.042** (2.374)	0.037** (2.164)	0.040* (1.875)	0.032* (1.757)
Tec_{it}	0.005** (2.107)	0.004** (2.094)	0.005** (2.173)	0.005** (2.076)	0.005*** (2.673)	0.004*** (2.631)	0.005** (2.241)	0.004** (2.217)
$\ln LP_{iF}/LP_{ij}$	-0.187** (-2.277)	-0.152** (-2.311)	-0.193** (-2.317)	-0.164** (-2.399)	-0.194** (-2.314)	-0.160** (-2.134)	-0.201** (-2.382)	-0.152** (-2.216)
AR(2)	0.956	0.947	0.954	0.968	0.939	0.957	0.964	0.968
Sargan检验	27.37	27.61	26.29	26.74	26.94	27.873	27.13	27.66

1. 金融发展、融资依赖和行业技术进步的整体回归分析

表5-8回归结果表明，SC(2)的检验结果表明扰动项的差分不存在二阶自相关；Sargan检验显示不存在过度识别。可以认为在实证分析过程中所选择的工具变量是具有有效性的。基于以上检验结果，可以认为式（5.4）的动态面板模型设定具有一定的合理性，能够在一定的程度上解释金融发展、行业外部融资依赖与广义技术进步之间的动态效应。回归结果显示如下：

（1）外部融资依赖 FD_{ij}。

在分别使用 $FD_{ij}1$ 和 $FD_{ij}2$ 的回归分析中，有别于式（5.1）和式（5.3）

的整体回归结果，采用 $FD_{ij}2$ 作为解释变量的回归结果与使用 $FD_{ij}1$ 时类似，只是在证券市场发展的回归时，回归的显著性上具有相对的优势，这可能意味着在考虑提高企业人力资本累积和技术创新上，企业同时会考虑短期和长期的行业外部融资依赖的影响，这与式（5.3）中企业扩大生产规模更加容易受到 $FD_{ij}2$ 的影响是不同的。人力资本的累积以及技术创新具有更大的不确定性，所以这是符合回归估计的结果的。

（2）金融发展水平 DEP_{it}。

在分析金融中介的发展对我国整体工业行业技术进步程度的影响上，由于在式（5.1）的回归中，$DEP_{it}1$、$DEP_{it}2$、$DEP_{it}3$ 以及 $DEP_{it}4$ 体现出了基本相同性质，所以对式（5.4）的回归，仅使用了 $DEP_{it}2$ 和 $DEP_{it}4$。使用金融中介的两个替代变量进行回归的结果显示，无论是 $DEP_{it}2$ 还是 $DEP_{it}4$，都对技术进步具有显著的促进作用。

在分析证券市场的发展对我国整体工业行业的技术进步促进上，金融发展水平在使用 $DEP_{it}4$ 和 $DEP_{it}5$ 这两个替代变量时，其回归结果与使用金融中介的替代变量时相比，显著性相对较弱，但是与式（5.1）和式（5.3）的回归结果相比较，回归结果具有显著的促进作用。这可能是由于可以进行股票发行或者债券发行的企业承担了行业内绝大部分的技术研发工作，拥有行业内更多的优质的人力资本。

（3）其他控制变量。

其他控制变量中，$Trad_{it}$、Gov_{it} 的回归结果与式（5.1）类似，使用证券市场发展的两个替代变量时，$Trad_{it}$、Gov_{it} 回归结果比较显著，但是其显著程度明显低于式（5.1）和式（5.3）的回归结果，这说明了在促进工业行业的技术进步中，证券市场发展的两个替代变量解释能力相较于经济增长和资本累积具有更强的解释能力，这也印证表 5-8 的核心变量的回归结果具有更强的显著性。

人力资本累积的替代变量 Edu_{it}、技术创新的替代变量 Tec_{it} 在所有的回归中均比较显著，说明人力资本的累积和技术创新对技术进步的具有显著的促进作用，符合实际经济规律。

(4) 行业起始规模。

在式 (5.1) 的回归中,行业起始规模 S_{ij} 的估计参数为负数,这可以控制方程的收敛速度以及稳态,式 (5.4) 中 $lnLP_{iF}/LP_{ij}$ 的回归也体现出了类似的结果。相比较式 (5.3) 中,回归结果显示 S_{ij} 的估计参数为正,这印证了:一是我国资本的边际贡献能力过强,而且还有进一步增强的趋势,所以资本的边际贡献递减规律在目前我国的经济状况下并没有出现;二是我国的技术创新边际递减明显,这可能由于目前我国部分行业的技术水平处于世界领先情况,同时也说明了我国的工业行业的技术创新与以往相比可能面临着更大的压力。

2. 金融发展、融资依赖和行业技术进步的分地区回归分析

(1) 金融发展水平 DEP_{it}。

在对我国金融发展通过行业外部融资依赖 $FD_{ij}2$ 作为纽带,影响我国各个省份工业行业技术进步的比较分析中,使用金融中介发展的替代变量 $DEP_{it}2$ 和 $DEP_{it}4$ 时都显示金融发达地区和金融不发达地区回归都非常显著。这说明金融发达地区的金融发展对技术进步具有更大的促进作用。使用股票市场的替代变量 $DEP_{it}5$、债券市场替代变量 $DEP_{it}6$ 的回归分析中,金融发达地区两个替代变量对技术进步都有显著的促进作用,尤其是使用 $DEP_{it}6$ 的回归分析中,金融发达地区的促进作用显著性更高,促进能力更强。

(2) 其他控制变量。

其他控制变量中,$Trad_{it}$、Gov_{it}、Edu_{it}、Tec_{it} 的回归结果与表 5-8 的回归结果类似,比较来看,贸易水平在使用 $DEP_{it}2$、$DEP_{it}4$ 时不显著,但是在使用 $DEP_{it}5$ 和 $DEP_{it}6$ 这两个金融发展的替代变量时,回归结果显著。无论是使用哪个金融发展的替代变量,金融发达地区的估计参数都大于金融欠发达地区。Gov_{it} 的回归也体现出了类似的结果,这似乎意味着在区域比较中,贸易对发达地区的技术进步有更大的影响,而政府支出对金融欠发达地区有更大的影响,这可能与金融发达地区经济水平也较高,通过贸易和经济合作的手段,获得了更多的技术外溢有关。

(3) 劳动效率缺口。

在表 5-9 的回归结果中，$lnLP_{iF}/LP_{ij}$ 的估计结果显著为负，回归结果与表 5-8 类似，相比较而言，金融发达地区在所有的回归中，回归系数都大于金融欠发达地区，这意味着金融发达地区的技术进步收敛速度更快，这些地区的技术创新面临更大的难度或者需要更多资本，同时这也说明了金融发达地区目前技术水平是高于技术欠发达地区的。

5.4 实证结果总结

本章通过使用 2007~2016 年 30 个省市自治区的 27 个行业的统计数据，对我国金融发展与经济增长的问题进行了实证分析，并且以拉詹和津加莱斯（1998）的思路为基础，进一步拓展方程，并对方程的适用性进行了改进，采用系统广义矩估计方法，对金融发展促进经济增长以及金融发展对经济增长的传导路径：资本累积和技术进步两个渠道的促进作用进行了整体的、分区域比较的动态分析，实证结果总结如下：

（1）在使用 2007~2016 年省级时间序列面板数据以及系统 GMM 回归的基础上，金融发展总体上对经济增长具有显著的促进作用。随着金融发展，外部融资依赖更强的行业实现了更快的成长，实现了更多的产值的增长。金融发展通过加速具体行业的资本累积能力以及提高具体行业的技术进步两个内生变量促进了经济的增长。在区域比较分析中，金融发展对金融发达地区的经济增长、资本累积、技术进步具有更强的促进作用。

（2）金融发展指标中，我们通过实证分析，对存款/GDP、贷款/GDP 和两者对应的私人信贷水平，以及股票市场发展水平和债券市场发展水平进行实证分析，在采用系统广义矩估计方法的基础上，认为金融中介的四个指标在解释金融发展对经济增长的促进作用中都有显著的解释能力，但是私人信贷指标（$DEP_{it}2$ 和 $DEP_{it}4$）的解释能力更强，更加适合说明我国金融发展的真实情况。虽然我国的国有企业获得了更多的信贷支持，但是民营企业在创造新的产值上具有更强的能力,但是样本区间内,我国民营企业普遍没有获得必要的信贷支持,民营企业的债务总量只占总债务量的20%就是明显的体现。

证券市场发展的两个指标($DEP_{it}5$ 和 $DEP_{it}6$)在解释金融发展促进经济增长以及金融发展通过资本累积和技术进步的方式促进经济增长上,在使用 $FD_{ij}2$ 时虽然也具有一定的显著性,但是考虑到其他控制变量的回归结果,可以认为证券市场发展对经济发展以及资本累积的促进能力有限,但是对技术进步的促进相对较好。总的来说,作为一个以银行为金融体系基础的国家,信贷水平与经济产出具有显著的正向关系,这符合前人的研究结果。

(3)外部融资依赖指标中,短期指标存货/销售值在三个方程回归中都非常显著,在金融发展促进经济增长以及金融发展促进经济增长的两个主要路径中,都具有显著的解释能力,存货/销售作为外部融资依赖的替代变量是更加恰当的。而负债/资产这个指标在金融发展通过提高技术进步促进经济发展上具有较好的解释能力。比照国外相关的研究进展,以负债/资产作为衡量我国行业外部融资依赖时解释能力较差,可能是由于行业数据自身的因素,但是这也似乎体现了我国具体企业在实际的生产过程中,更加看重短期的财务指标,或者是我国的金融系统的信贷支持缺乏对企业成长的长期支持造成的。金融发展对我国外部融资依赖更强的行业的成长提供了更大的支持,并且外部融资依赖越强,金融发展通过资本累积和技术进步两个渠道促进具体行业产值增长的能力就越强。

(4)我国目前金融发展促进经济增长主要是通过资本累积和技术进步两者共同来实现的,但是回归结果不能体现出哪一种占主体地位。但是结合我国目前资本累积对经济增长的边际贡献能力过强,并且有进一步增强的趋势,似乎体现出了我国目前金融发展通过资本累积促进经济增长能力相对较强。依照帕帕约安努(Papaioannou,2007)的研究结果:欠发达国家和新兴国家金融发展促进总体经济增长主要是通过降低资本成本,而发达经济体通过提高全要素生产率(也就是广义的技术进步),可以得出我国的经济已经脱离欠发达经济体的结论，但是目前资本在经济增长模型中的高贡献率必然导致金融发展通过资本累积促进经济增长的实证结果是显著正向的，并且有可能导致模型收敛性较差，达不到稳态。

虽然我国金融发展通过广义的技术进步促进经济增长的实证分析获得了显著的正向关系，但是比照西方发达资本主义国家早就摆脱了金融发展通过提高资本累积能力促进经济增长的阶段，我国目前经济发展的真实水平以及经济发展模式上存在问题。其中资本的促进作用过大，而人力资本累积和技术创新的影响能力较小。在金融发展可以有效地影响外部资本进入具体企业后资本的流向时，也就是金融系统对社会资本流入企业后，在用于固定资产投资还是人力资本累积或技术创新上有明显的调整能力的角度上，如何通过金融系统的配置作用，使资金更多流入促进技术进步这个内生因素中，是目前金融系统改革、金融体系发展所面临的重要问题。

本章的研究仅仅是通过外部融资依赖作为交叉变量，对金融发展与经济增长间在总量和要素两个领域进行了相关的研究，但是作为一个多年持续高速发展的国家，由于作者水平有限、数据难以获取等诸多原因，对于金融市场的法律因素、制度因素、环境因素，尤其是金融系统的国有程度过高以及诸多问题没有办法详尽论述。

5.5 本章小结

本章首先在分析和评价我国金融发展促进经济增长实证方法的基础上，拓展了拉詹和津加莱斯（1998）的方法，采用系统广义矩估计方法，将行业外部融资依赖作为金融发展与经济增长的纽带，进行了适用性改进，又进一步在内生框架下进行了拓展。经过变量选取以及数据处理，一系列的回归结果显示：我国的金融发展在省级工业行业时间序列数据层面上，通过为外部融资依赖更大的行业提供资本配置，促进了其行业产值更快的增长；金融发展对具体行业的促进作用是通过融资依赖，外部融资依赖更强的行业的资本积累和技术进步促进作用更加明显，金融水平越发达地区的行业资本积累和技术进步促进作用更加明显。但是目前金融发展通过融资依赖影响行业资本累积进而促进经济增长的能力过强，不利于我国经济持续稳定地增长。

第 6 章

结论与政策建议

本书遵循理论分析、模型构建、实证分析、获得研究结论的顺序，通过使用省级工业行业数据作为样本，从中观视角，引入行业外部融资依赖的概念，分析金融发展通过影响行业外部融资依赖，促进行业产值增长的显著性水平以及影响渠道或机制，认为金融发展在一定的水平上促进了经济的增长，并在此基础上提出了若干政策建议。

6.1 结论

本书基于金融发展理论，论述了自金融理论产生至今，金融发展与经济增长的相关关系；通过理论分析，在内生增长模型的基础上，建立了Malmquist生产率增长指数方程，将金融因素纳入全要素增长模型中，并分别论述了金融发展通过影响资本累积、人力资本累积和技术创新这三个内生要素影响增长的机制。在引入外部行业融资依赖作为金融发展和经济增长的衔接之后，本书使用2007~2016年省级工业行业时间序列面板数据，采用系统广义矩估计的方法，动态实证分析了我国金融发展对经济增长的促进程度以及显著性程度，主要的研究结论如下：

（1）比照国外金融发展与经济增长的研究，我国金融发展与经济增长的研究也取得了显著的成果，但是到目前，我国金融发展与经济增长的因果关系依然存在争议，金融发展在促进经济增长上由于研究方法以及数据样本的选择，呈现出不同的结论，而且由于我国经济的高速发展以及区域发展不平衡，金融发展促进经济增长在时间上呈现出非线性以及区域上呈现异质性，为了避免这些问题对实证结果的影响，我们先借鉴拉詹和津加莱斯（1998）的思路，在理论分析部分，首先，将金融发展因素纳入全要素生产模型中，并进一步规范分析了金融发展通过提高金融系统功能，实现动员储蓄、风险分担、信息收集、资本配置、信贷支持、降低流动性风险、缓解流动性约束等具体功能，进而影响资本累积、人力资本累积和技术创新这三个内生要素促进经济增长。其次，将外部融资依赖纳入金融发展促进经济增长的研究中，认为金融发展通过缓解行业外部融资依赖的方式，促进了行业的资本累积、人力资本累积和技术创新。

不同行业在一定的技术水平下，为了实现最优生产，往往体现出不同的行业规模以及生产要素的配置，由此会形成不同的行业利润。在扩大生产的过程中，就体现出了对外部资金不同的需求程度，形成行业外部融资依赖。在金融发展过程中，金融体制的完善以及金融系统的健全可以提供给行业更加贴合的金融产品，缓解行业外部融资的约束，降低行业外部融资成本，有利于行业实现规模生产，实现更大的行业产值。所以相对于更加倾向于获取内源性资金支持的行业，金融发展可以使具有更大外部融资依赖的行业获得更多的金融系统的支持，从而实现更快的发展。

（2）在实证研究部分，本书拓展了拉詹和津加莱斯（1998）的方法，认为金融发展和经济增长是否存在因果关系的前提是金融发展通过具体的渠道或者机制促进了经济的增长。所以在微观上，企业在生产和交换过程中，由内部资本不足导致的外部融资依赖而与金融系统产生关联，金融发展促进经济增长正是在微观上满足了企业的外部融资需要，促进了企业发展，从而在宏观上实现了经济的增长。不同于源发论文采用的倍差法，本书使用广义矩估计的方法，有效避免了反向因果关系以及内生问题对实证的影响，对模型进行动态分析，并且适当增设了部分工具变量使回归具有更好平稳性，从而控制了同时性偏差。本书在拉詹和津加莱斯（1998）的基础上，进一步拓展了金融发展通过外部融资依赖影响内生生产要素的实证模型，在实证分析我国金融发展对经济增长的促进程度的基础上，也分析了金融发展通过影响外部融资依赖促进资本累积以及广义技术进步的程度。具体结论有：

①金融发展促进了我国的经济增长，并且金融发展使具有更大外部融资依赖的行业实现了更高的产值。依照麦金农（McKinnon，1973）、贝克和莱文（2000；2002）等学者的相关研究，将金融发展分为金融中介的发展以及证券市场的发展，其中金融中介的发展采用了贷款/GDP 和存款/GDP 以及并两者所对应的私人信贷水平的估计值作为替代变量；以股票市值/GDP 和金融债与企业债/GDP 作为证券市场发展的替代变量。实证结果显示在使用省级工业行业时间序列面板数据时，只有金融中介的发展对经济的增长体现出了显著的促进作用，并具有较好的解释能力，尤其是以估算出来的私人信贷水平作为金融中介发展的替代变量时，具有更好的解释能力。以证券市场发展的两个替代变量回归时，虽然也体现出了一定的显著性水平，但是结合其他控制变量的回归结果，以及核心变量的显著性，本书认为证券市场的发展促进了经济增长的能力相对有限。

外部融资依赖的衡量参照了拉达茨（2006）、罗伯特和科特（2015）、贵斌威等（2013）等学者的研究成果，使用存货/销售产值表示短期内的高流动性需求产生的对短期外部的金融依赖程度，使用平均债务/资产来研究中长期企业对外部金融的依赖程度。由于使用的是省级工业行业数据，所以在统计描述中，存货/销售产值就体现了较小的离散性，并且在回归中具有更好的拟合优度，所以可以认为在使用省级行业数据时，以存货/销售产值作为行业外部融资依赖的替代变量具有更好的参考性。

②金融发展通过促进资本累积的方式促进了我国的经济增长，并且金融发展对外部融资依赖更强的行业提供了更快的资本累积速度。在使用私人信贷两个指标和使用证券市场发展两个指标作为金融发展替代变量时，证明了金融发展通过影响行业资本累积的方式促进了经济的增长的显著性非常高，虽然金融发展也通过促进技术进步的方式促进了经济的增长，但是考虑资本在经济增长中的过高的贡献能力，所以本书认为金融发展通过影响资本累积

促进了经济的增长的程度是高于通过影响技术进步促进经济增长的。在分地区的回归分析中，金融发达地区的金融发展促进资本累积明显大于金融欠发达地区，说明金融系统的资源配置作用在区域上存在巨大的差距。金融发达地区的企业可以更加容易地通过金融系统的资源配置作用实现自身规模的扩大。

③金融发展通过影响技术进步的方式促进了经济的增长，并且金融发展提高了外部融资依赖更强的行业的技术进步速度。金融中介发展中的两个私人信贷指标作为替代变量的显著性以及拟合优度可以说明金融中介的发展通过影响技术进步的方式促进了经济的增长，而且外部融资依赖高的行业在金融发展的过程中实现了更大的技术进步。而以证券市场发展的两个替代变量回归的结果，虽然显著性水平和解释能力也相对较高，但是远远低于金融中介发展的替代变量。在解释金融发展通过影响技术进步促进经济增长的分区域回归中，金融发达地区的估计值普遍大于金融欠发达地区，说明在金融发达地区的工业企业更加容易获得金融系统的资本配置的支持，实现生产技术的提高。

比照国际上相关研究，发达国家经济增长贡献率中，技术进步的贡献率约为50%、资本的贡献率约为30%，而我国技术进步的贡献率为40%、资本的贡献率为50%。所以本书得出金融发展虽然通过资本累积、技术进步的方式促进了经济的增长。虽然不能确定在本书的回归中，哪一种占主导地位。但是同样比照帕帕约安努（Papaioannou E., 2007）的研究结果：在欠发达国家和新兴国家金融发展促进总体经济增长主要是通过降低资本成本，而在发达经济体通过提高全要素生产率也就是广义的技术进步来看，本书的研究结论符合我国目前的经济发展情况以及金融发展情况。

6.2　相关的政策建议

金融系统肩负着将资金进行有效配置的重要作用，并且是政府调节经济的重要手段，所以金融系统的资金配置能力对推动我国深入的供给侧结构性改革、调整经济结构以及扶植先进的民族制造业都具有重大的意义，金融系统的改革在一定程度上决定着经济改革的结果和成效。虽然在本书的研究中，以银行为基础的金融系统在总体上促进了我国经济的增长，但是不能否认在过去的30年中，从宏观金融到资本市场，到目前普惠金融阶段，我国的金融发展在优化资源配置、促进经济增长上依然存在诸多的问题。

针对我国金融系统目前存在的问题，需要完善银行业竞争机制，提高金融中介系统的市场化水平，减少政府干预，建立多层次的资本市场以及多元的融资体系。进一步提高金融中介系统的市场化水平中，需要充分发挥市场基础配置作用，引入更加有效的竞争机制，丰富市场主体。还要灵活信贷机制，丰富金融服务项目，推动如专利、商标等无形资产的质押融资项目。证券市场方面，随着我国证券市场规模的不断扩大，外国券商在国内的分支机构数量显著增加，这也使我国证券市场的市场竞争日益激烈，而构建有效的证券市场的运行机制，健全证券市场的相应监管与披露，完善上市公司的公司治理结构依然任重道远。

1. 完善金融中介系统的相关建议

我国的金融中介系统虽然在促进经济增长的回归分析中具有显著的正向作用，但是依然存在诸多的问题，完善金融中介体系，除了需要减少政府干预、加速银行业混业经营、推进民营资本进入银行系统以及完善互联网金融的发展都是从根本上解决金融中介系统目前困境的根本方法。

（1）降低政府干预，提高政府调控力度。政府过分干预往往是由于施政当局出于更多因素的考虑，希望银行信贷注入更多的国有企业或者大型企业，其结果是我国民营企业的债务水平只占总体的20%左右，更多的信贷因为政策，监管成本等因素过多注入了国有企业。提高政府的调控力度就要求要针对经济结构的调整，对优先发展、重点扶植的行业调整信贷指标、实施适当的利率优惠措施、简化审批的流程。为传统优势行业、高新技术行业、绿色节能行业实施优先级差别化信贷。将信贷资源向新材料、新工艺、新技术进行倾斜,对技术研发周期长但技术应用前景广阔的行业提供信贷支持。

(2)加速银行混业经营进程。针对目前的金融改革趋势来看,西方发达国家越来越多的金融机构通过兼并和收购的方式实现金融系统的混业经营。在我国,银行业的混业经营已经涉及信托、基金、保险等领域,银行业目前通过创建子公司进入证券行业,在提升金融中介系统的经营业绩、改善金融中介系统较低的利润水平的同时,也可以推动我国直接融资的发展。银行业与证券业的融合发展,在增加银行业对证券行业金融监督水平的同时,更能为证券行业提供巨大的资本支持,促进证券行业的经营规模,加速证券业发展速度,提升证券行业经营业绩。政府通过银行业推行货币政策,更加有力和快速地调整证券市场,增加证券行业对上市公司的吸纳,减缓证券行业波动,实现证券行业的稳定增长。

(3)稳健推进民营银行的发展。为了实现金融中介体系的多元化发展,就要求稳健地推进民营资本进入银行系统,进一步推进民营银行挂牌营业,丰富市场主体,实现信贷市场的差异化发展以及国有商业银行和民营银行的业务互补与错位发展。通过市场的调节机制,相互的竞争会降低金融行业的利润水平,将金融行业从实体经济中分润的过多收益返还实体经济,降低实体经济的融资成本,进而降低资本的使用成本,同时市场的调节必将增大金融服务的覆盖范围和服务弹性。

(4)完善互联网金融。目前的互联网金融主要涉及互联网保险、P2P网贷、民间众筹、第三方支付等。互联网金融的去重量化发展无疑在降低运营成本的同时,加快了借贷的流转速度。互联网金融提供了更加多元化的、集成化和综合化的金融服务,成为传统金融领域的重要补充。现有的民营银行中,约有半数以上都定位互联网银行。互联网金融从业人员以互联网工作者为主。主体的不同和从业人员的构成就决定了互联网金融存在很大的金融风险,所以完善相关的政策法规以及监管机制,才能提供一个健康的环境,在监管互联网金融企业的经营运作的同时,也应该监控互联网金融消费中的个人信用水平,保证互联网金融的健康发展。

2. 完善证券市场的相关建议

除了前文提及的混业经营之外，针对证券行业现存的问题，结合实证分析结果，本章认为我国的证券市场尤其是股票市场发展依然不够完善，对经济增长作用不够显著，所以进一步完善证券市场的运行机制、优化上市公司治理结构、加强证券公司监管是十分必要的。

（1）完善证券市场的运行机制。完善的运行机制是保障我国证券市场正常运转的基本保障，促进证券市场规范化的有力手段。保证证券市场的正常运转就要求政府需要制定统一规范的法律制度，而不仅仅是针对证券市场中的具体行为进行干预，同时严格执行市场的准入和退出制度，规范证券市场秩序。

（2）优化上市公司治理结构。目前，我国上市公司整体上股权结构不合理、监理会执行监督力度较差、对管理层激励和约束手段不足。根本上的改进措施首先就要增加管理层和广大职工的持股比例，实现对员工的有效激励，并提升其责任心和归属感。其次，可以仿照独立董事的原则，设置适当的独立监理，避开内部因素困扰、更好地执行监理职责。最后，需要构建企业和经理人双向选择市场，明确经理人职责和收益。

（3）加强证券公司监管。加强证监会的监管力度，需要构建合理的公众监督平台，以公众作为监管工作的辅助力量，培养公众正确的投资理念和积极的监督意识，推动民间的维权团体的发展，为中小投资者的相关的诉讼问题提供法律援助。同时应该广泛和正确地利用传媒的报道和导向作用，营建舆论监督氛围，加大对证券市场不法机构和个人曝光力度，防止夸大报道，控制舆论导向。同时应该逐步完善证券公司风险控制指标动态监控，健全证券公司净资本和流动性等指标动态控制。

附　录

附表 A1　　　　　　　　银行业发展相关数据

年份	银行资产（亿元）	银行各项存款（亿元）	银行各项贷款（亿元）	银行职工数量（人）	银行机构数量（家）
1990	16837.88	11644.80	15116.40	—	116947
1991	20614.00	14864.10	18043.90	1499823	123356
1992	24269.00	18891.10	21615.50	1617430	120622
1993	29871.70	23230.30	26461.10	1778059	138837
1994	40902.90	29330.90	32441.30	1874474	151930
1995	51381.50	38782.60	39393.60	2045904	165650
1996	63246.70	49593.30	47434.70	2098336	168110
1997	94181.50	82390.30	74914.10	2193949	169283
1998	110420.50	95697.90	86524.10	2545443	171345
1999	123230.60	108778.90	93734.30	2051479	112141
2000	134225.60	123804.40	99371.10	1937136	130170
2001	—	143617.20	112314.70	1878677	118691
2002	203700.00	170917.40	131293.93	1588822	104000
2003	276400.00	208055.59	158996.23	1776776	97802
2004	239020.17	241424.30	178197.78	1745120	88150
2005	359347.00	287169.50	194690.40	1800381	82453
2006	412654.20	335459.80	225347.20	2024578	121451

续表

年份	银行资产（亿元）	银行各项存款（亿元）	银行各项贷款（亿元）	银行职工数量（人）	银行机构数量（家）
2007	503605.00	389371.15	261690.88	2062764	122887
2008	603274.50	466203.32	303467.77	2116773	118460
2009	768533.28	597741.10	399684.82	2221613	119323
2010	922401.26	718237.93	479195.55	2381945	123062
2011	1097968.90	809368.33	547946.69	2476542	126692
2012	1290736.20	917368.11	629906.60	2621874	127784
2013	1453901.08	1043846.86	718961.46	2766767	132099
2014	1636480.42	1138644.64	816770.01	2883530	135224
2015	1877571.22	1357021.61	939540.16	2936400	139642
2016	1790174.69	1505863.84	1066040.06	2763157	134166

资料来源：《中国统计年鉴》，中国人民银行的各省数据汇总，银行资产来自银监会报告。

附表A2　　　　　　　　　债券业发展相关数据　　　　　　　单位：亿元

年份	国债 发行额	国债 余额	金融债 发行额	金融债 余额	企业债 发行额	企业债 余额
1990	197.23	890.34	—	—	126.37	195.44
1991	281.25	1059.99	—	—	249.96	331.09
1992	460.78	1282.72	—	—	683.71	822.04
1993	381.31	1540.74	—	—	235.84	802.4
1994	1137.55	2286.40	—	—	161.75	682.11
1995	1510.86	3300.30	—	—	300.80	646.61
1996	1847.77	4361.43	—	—	268.92	597.73
1997	2411.79	5508.93	—	—	255.23	521.02
1998	3808.77	7765.70	—	—	147.89	676.93
1999	4015.00	10542.00	—	—	158.20	778.63
2000	4657.00	13020.00	—	—	83.00	861.63
2001	4884.00	15618.00	—	—	147.00	—

续表

年份	国债 发行额	国债 余额	金融债 发行额	金融债 余额	企业债 发行额	企业债 余额
2002	5934.30	19336.10	—	—	325.00	—
2003	6280.10	22603.60	—	—	358.00	—
2004	6923.90	25777.60	—	—	327.00	—
2005	7042.00	28774.00	—	—	2046.50	—
2006	8883.30	31448.69	—	—	3938.30	—
2007	23139.10	48741.00	—	—	5181.00	7683.30
2008	8558.20	49767.80	—	—	8723.40	13250.62
2009	17927.24	57949.98	—	—	16599.30	25540.80
2010	19778.30	67684.90	—	—	16094.45	36318.15
2011	17100.10	75832.00	23491.00	75748.00	23548.00	49095.00
2012	16154.20	82522.00	26202.00	93362.00	37365.46	77710.00
2013	20230.00	95471.00	26310.00	105772.00	36784.00	93242.00
2014	21747.00	107275.00	36552.00	125489.00	51516.00	116214.00
2015	59408.00	154524.00	102095.00	184596.00	67205.00	144329.00
2016	91086.00	225734.00	52421.00	173738.00	82242.00	175180.00
2017	83513.00	281538.00	258056.00	278301.00	56352.00	183252.00

资料来源：Wind 数据库。

附表 A3　　　　　　　　股票市场相关数据

年份	股票总发行股本	股票发行量（亿元）	股票市价总值（亿元）	股票流通市值（亿元）	股票成交金额（亿元）	股票筹资额（亿元）	上市数量合计（个）
1990	—	—	—	—	—	—	10
1991	—	5	—	—	—	5	14
1992	73.5	20.75	1048	—	681	94.09	53
1993	328.67	95.79	3531	862	3667	375.47	183
1994	639.65	91.26	3691	969	8128	326.78	291

续表

年份	股票总发行股本	股票发行量（亿元）	股票市价总值（亿元）	股票流通市值（亿元）	股票成交金额（亿元）	股票筹资额（亿元）	上市数量合计（个）
1995	765.63	31.6	3474	938	4036.45	150.32	323
1996	1219.54	86.11	9842	2867	21332	425.08	530
1997	1771.42	267.63	17529	5204	30722	1293.82	745
1998	2345.35	109.06	19506	5746	23544	841.52	851
1999	2908.85	122.93	26471	8213.96	31319.6	944.56	949
2000	3613.39	512.04	48091	16088	60827	2103.24	1088
2001	4838.35	141.48	43522.2	14463.17	38305.18	1252.34	1160
2002	5462.99	291.74	38329.13	12484.56	27990.45	961.75	1224
2003	5997.93	281.43	42457.71	13178.52	32115.27	1357.75	1287
2004	6714.74	227.92	37056	11689	42333.95	1510.94	1377
2005	7163.54	567.05	32430.28	10630.52	31664.78	1882.51	1381
2006	12683.99	1287.77	89403.89	25003.64	90468.89	5594.29	1434
2007	17000.45	637.24	327141	93064	460556.23	8680.17	1550
2008	18900.12	180.34	121366.43	45213.9	267112.66	3852.21	1625
2009	20606.26	400.05	243939.12	151258.65	535987	6124.69	1718
2010	26984.48	920.99	265422.59	193110.41	545633.55	11971.93	2063
2011	29745.11	272.36	214758.1	164921.3	421644.59	5814.19	2342
2012	31833.62	299.81	230357.62	181658.26	314583.27	4134.38	2494
2013	33822.04	259.92	239077.19	199579.53	468071.34	3868.88	2489
2014	36795.1	354.5	372546.96	315624.31	742385.26	7087.44	2613
2015	43024.14	595.67	531462.7	417880.75	2550541.31	10974.85	2827
2016	48750.29	390.14	507685.88	393401.67	1277680	16257.42	3052

资料来源：国泰安数据库。

附表 A4　　　　　　　　　货币存量发展程度　　　　　　　单位：亿元

年份	M2	M1	M0
1990	15293.4	6950.7	2644.4
1991	19349.9	8633.3	3177.8
1992	25402.2	11731.5	4336
1993	34879.8	16280.4	5864.7
1994	46923.5	20540.7	7288.6
1995	60750.5	23987.1	7885.3
1996	76094.9	28514.8	8802
1997	90995.3	34826.3	10177.61
1998	104498.5	38953.7	11204.2
1999	119897.9	45837.2	13455.5
2000	134610.3	53147.2	14652.7
2001	158301.9	59871.6	15688.8
2002	185007	70881.8	17278
2003	221222.8	84118.6	19745.9
2004	254107	95969.7	21467.3
2005	298755.7	107278.8	24031.7
2006	345603.6	126035.1	27072.62
2007	403442.2	152560.07	30375.22
2008	475166.6	166217.1	34219
2009	606225	220001.5	38246
2010	725851.79	266621.54	44628.17
2011	851590.9	289847.697	50748.4617
2012	974148.8	308664.23	54659.77
2013	1106524.98	337291.05	58574.44
2014	1228374.807	348056.4089	60259.5288
2015	1392278.109	400953.44	63216.578
2016	1550066.668	486557.2374	68303.8678

资料来源：国泰安数据库。

附表 A5　　　　　　　　　　金融资产结构发展　　　　　　　　单位：亿元

年份	全部金融资产	各项贷款	货币和准货币（M2）	有价证券及投资	金融债券
1990	33107.3	17680.7	15293.4	24.9	108.3
1991	40921.7	21337.8	19349.9	65.3	168.7
1992	52092.7	26322.9	25402.2	130.2	237.4
1993	68769.6	32943.1	34879.8	750.6	196.1
1994	90437.3	40810.1	46923.5	1858.7	845
1995	116139	50538	60750.5	3166.9	1683.6
1996	143829	61152.8	76094.9	4104.2	2477.1
1997	169611	74914.1	90995.3	3671.7	29.9
1998	199191	86524.1	104498.5	8112.2	56.2
1999	226177.5	93734.3	119897.9	12505.8	39.5
2000	253662.7	99371.1	134610.3	19651.1	30.2
2001	292780.7	112314.7	158301.9	22112.7	51.4
2002	343181	131293.93	185007	26789.73	90.34
2003	412704.77	158996.23	221222.8	30259.47	2226.27
2004	467190.55	178197.78	254107	30931.01	3954.76
2005	534060.41	194690.39	298755.7	34942.13	5672.19
2006	616925.02	225347.2	345603.6	39490.87	6483.35
2007	739428.08	261690.88	403442.2	62789.96	11505.04
2008	871438.55	303467.77	475166.6	71951.7	20852.48
2009	1108756.38	399684.82	606225	86643.15	16203.41
2010	1317100.25	479195.55	725851.79	98526.06	13526.85
2011	1518880.53	547946.69	851590.9	109304.11	10038.83
2012	1745865.26	629906.6	974148.8	133322.29	8487.57
2013	1999318.61	718961.46	1106524.98	167151.17	6681
2014	2265394.367	816770.01	1228374.807	210406.35	9843.2
2015	2673842.089	939540.16	1392278.109	331962.02	10061.8
2016	3116110.178	1066040.06	1550066.668	468424.57	31578.88

资料来源：《中国金融统计年鉴》。

附表 A6　　　　　　　　　各类金融资产发展　　　　　　　单位：亿元

年份	流通中的现金（M0）	金融机构存款总额	金融机构贷款总额	企业债券余额	国债余额	金融债余额	股票市价总值
1990	2644.4	14012.6	17680.7	—	906.1	—	—
1991	3177.8	18079	21337.8	—	1103.52	—	—
1992	4336	23468	26322.9	—	1200.07	—	1048
1993	5864.7	29627	32943.1	—	1509.28	—	3531
1994	7288.6	40472.5	40810.1	1	2354.27	182	3691
1995	7885.3	53862.2	50538	1	3403.71	1024.6	3474
1996	8802	68571.2	61152.8	10	4154.67	3106.6	9842
1997	10177.61	82390.3	74914.1	38.6	5234.5	5920.1	17529
1998	11204.2	95697.9	86524.1	129.64	10068.12	7577.43	19506
1999	13455.5	108778.9	93734.3	248.2152	13128.59	8756.43	26471
2000	14652.7	123804.4	99371.1	308.9152	16196.19	9841.73	48091
2001	15688.8	143617.2	112314.7	364.3552	18985.31	10878.43	43522.2
2002	17278	170917.4	131293.93	617.3	22567.06	12416.93	38329.13
2003	19745.9	208055.59	158996.23	909.3	27849.63	15823.3	42457.71
2004	21467.3	241424.32	178197.78	1155.5	31961.9	17663.17	37056
2005	24031.7	287163.02	194690.39	1689.5	35052.6	21910.14	32430.28
2006	27072.62	335459.78	225347.2	2297.5	36928.17	25809.98	89403.89
2007	30375.22	389371.15	261690.88	3345.35	53861.00	32419.9	327141
2008	34219	466203.32	303467.77	4887.25	55043.21	41113.77	121366.43
2009	38246	597741.1	399684.82	8116.46	61516.76	50288.79	243939.12
2010	44628.17	718237.93	479195.55	10888.29	68543.44	57771.96	265422.59
2011	50748.4617	809368.33	547946.69	13170.78	72878.58	73065.26	214758.1
2012	54659.77	917368.11	629906.6	19323.51	78027.86	90581.83	230357.62
2013	58574.44	1043846.86	718961.46	23344.255	87193.36	103132.5	239077.19
2014	60259.52	1138644.64	816770.01	29229.108	95911.27	120099.26	372546.96
2015	63216.578	1357021.61	939540.16	30461.4028	106610.98	141572.05	531462.7
2016	68303.8678	1505863.83	1066040.06	33041.08823	119002.76	162242.97	507685.88

资料来源：来自同花顺数据库 1990~2016 年数据统计。

附表 A7　　　　　　　经济活动中金融发展相关比率　　　　　　单位：%

时间	全部贷款/GDP	总债券余额/GDP	股票市价总值/GDP	M0/M1	M1/M2
1990	93.7	4.8	—	38.0	45.4
1991	97.0	5.0	—	36.8	44.6
1992	96.8	4.4	3.9	37.0	46.2
1993	92.3	4.2	9.9	36.0	46.7
1994	83.9	5.2	7.6	35.5	43.8
1995	82.4	7.2	5.7	32.9	39.5
1996	85.2	10.1	13.7	30.9	37.5
1997	94.0	14.2	22.0	29.2	38.3
1998	101.6	21.1	22.9	28.8	37.3
1999	103.5	24.7	29.2	29.4	38.2
2000	99.1	26.4	48.0	27.6	39.5
2001	101.3	27.4	39.3	26.2	37.8
2002	107.9	30.6	31.5	24.4	38.3
2003	115.7	35.5	30.9	23.5	38.0
2004	110.1	37.7	22.9	22.4	37.8
2005	103.9	43.2	17.3	22.4	35.9
2006	102.7	45.2	40.7	21.5	36.5
2007	96.8	48.0	121.1	19.9	37.8
2008	95.0	49.2	38.0	20.6	35.0
2009	114.5	51.9	69.9	17.4	36.3
2010	116.0	50.1	64.3	16.7	36.7
2011	112.0	45.9	43.9	17.5	34.0
2012	116.6	48.7	42.6	17.7	31.7
2013	120.8	50.4	40.2	17.4	30.5
2014	126.8	55.9	57.9	17.3	28.3
2015	136.4	70.4	77.1	15.8	28.8
2016	143.4	85.7	68.3	14.0	31.4

资料来源：国泰安数据库。

附表 A8　　　　　　　　1978~2016 年 GDP 增速

年份	国内生产总值（亿元）	名义 GDP 增速（%）	实际 GDP 增速（%）
1978	3678.7	—	—
1979	4100.5	11.47	7.60
1980	4587.6	11.88	7.80
1981	4935.8	7.59	5.10
1982	5373.4	8.87	9.00
1983	6020.9	12.05	10.80
1984	7278.5	20.89	15.20
1985	9098.9	25.01	13.40
1986	10376.2	14.04	8.90
1987	12174.6	17.33	11.70
1988	15180.4	24.69	11.20
1989	17179.7	13.17	4.20
1990	18872.9	9.86	3.90
1991	22005.6	16.60	9.30
1992	27194.5	23.58	14.20
1993	35673.2	31.18	13.90
1994	48637.5	36.34	13.00
1995	61339.9	26.12	11.00
1996	71813.6	17.07	9.90
1997	79715	11.00	9.20
1998	85195.5	6.88	7.80
1999	90564.4	6.30	7.70
2000	100280.1	10.73	8.50
2001	110863.1	10.55	8.30
2002	121717.4	9.79	9.10
2003	137422	12.90	10.00
2004	161840.2	17.77	10.10

续表

年份	国内生产总值（亿元）	名义GDP增速（%）	实际GDP增速（%）
2005	187318.9	15.74	11.40
2006	219438.5	17.15	12.70
2007	270232.3	23.15	14.20
2008	319515.5	18.24	9.70
2009	349081.4	9.25	9.40
2010	413030.3	18.32	10.60
2011	489300.6	18.47	9.50
2012	540367.4	10.44	7.90
2013	595244.4	10.16	7.80
2014	643974	8.19	7.30
2015	689052.1	7.00	6.90
2016	743585	7.91	6.70

附表A9　　1978～2016年人均GDP增速

年份	人均GDP（元）	人均名义GDP增速（%）	人均实际GDP增速（%）
1978	385	—	—
1979	423	9.87	6.20
1980	468	10.64	6.50
1981	497	6.20	3.80
1982	533	7.24	7.40
1983	588	10.32	9.20
1984	702	19.39	13.70
1985	866	23.36	11.90
1986	973	12.36	7.30
1987	1123	15.42	9.90
1988	1378	22.71	9.40
1989	1536	11.47	2.60

续表

年份	人均GDP（元）	人均名义GDP增速（%）	人均实际GDP增速（%）
1990	1663	8.27	2.40
1991	1912	14.97	7.80
1992	2334	22.07	12.80
1993	3027	29.69	12.60
1994	4081	34.82	11.80
1995	5091	24.75	9.80
1996	5898	15.85	8.80
1997	6481	9.88	8.10
1998	6860	5.85	6.80
1999	7229	5.38	6.70
2000	7942	9.86	7.60
2001	8717	9.76	7.60
2002	9506	9.05	8.40
2003	10666	12.20	9.40
2004	12487	17.07	9.50
2005	14368	15.06	10.70
2006	16738	16.49	12.10
2007	20505	22.51	13.60
2008	24121	17.63	9.10
2009	26222	8.71	8.90
2010	30876	17.75	10.10
2011	36403	17.90	9.00
2012	40007	9.90	7.30
2013	43852	9.61	7.20
2014	47203	7.64	6.80
2015	50251	6.46	6.40
2016	53980	7.42	6.10

附表 A10　　　　　　　　1990～2016 年人均经济与内生要素

年份	人均实际GDP（元）	研究与发展（R&D）经费（亿元）	固定资本存量（亿元）	普通高等学校在校学生数（万人）
1990	914.1379362	125.43	4636.06	206.3000
1991	985.4406952	142.3	5794.8	204.4000
1992	1111.577104	169	8460.95	218.4000
1993	1251.635819	196	13574.38	253.6000
1994	1399.328846	222	17187.91	279.8639
1995	1536.463073	348.69	20357.41	290.6429
1996	1671.671823	404.48	23319.78	302.1079
1997	1807.077241	509.16	25363.18	317.4362
1998	1929.958493	551.12	28751.44	340.8764
1999	2059.265713	678.91	30241.43	408.5874
2000	2215.769907	895.66	33527.7	556.09
2001	2384.16842	1042.49	38063.95	719.0658
2002	2584.438567	1287.64	43796.93	903.3631
2003	2827.375792	1539.634632	53964.4	1108.5642
2004	3095.976492	1966.33	65669.81	1333.4969
2005	3427.245977	2449.973	75809.6	1561.7771
2006	3841.94274	3003.0966	87223.33	1738.8445
2007	4364.446953	3710.24	105052.18	1884.8954
2008	4761.611626	4616.02	128001.91	2021.0249
2009	5185.39506	5802.10682	156734.51	2144.657
2010	5709.119961	7062.57745	185827.31	2231.7929
2011	6222.940758	8687.00926	219670.95	2308.5078
2012	6677.215433	10298.40896	244600.73	2391.3155
2013	7157.974944	11846.59795	270924.15	2468.0726
2014	7644.717241	13015.62968	290053.08	2547.6999
2015	8133.979144	14169.88461	301503	2625.2968
2016	8630.151872	15676.74841	318083.7	2695.8433

资料来源：Wind 数据库。

参 考 文 献

[1] 亚当·斯密. 国民财富的性质和原因的研究（上卷）[M]. 北京：商务印书馆，1972.

[2] G. Myrdal. 货币均衡论 [M]. 北京：商务印书馆，1963.

[3] 约翰·梅纳德·凯恩斯. 货币论 [M]. 北京：商务印书馆，1986.

[4] 约瑟夫·熊彼特. 经济发展理论 [M]. 北京：商务印书馆，1990.

[5] 约翰·G. 格利，爱德华·S. 肖著，贝多广译. 金融理论中的货币 [M]. 上海：上海人民出版社，1997.

[6] 雷蒙德·W. 戈德史密斯. 金融结构与金融发展 [M]. 上海：上海三联出版社，1990.

[7] Kapur, Basant, K. Alternative Stabilization Policies for Less – developed Economies [J]. *Journal of Political Economy*, 1976, 84 (4): 777 – 795.

[8] Mathieson, Donald, J. Financial Reform and Stabilization Policy in a Developing Economy [J]. *Journal of Development Economics*, 1980, 7 (3): 359 – 395.

[9] Galbis, Vicente. Financial Intermediation and Economic Growth in Less-developed Countries: A Theoretical Approach [J]. *Journal of Development Studies*, 1977, 13 (2): 58 – 72.

[10] M. J. Fry. Models of Financially Repress Developing Economics [J]. *World Development*, 1982 (1): 741 – 742

[11] Demirguc – Kent, Asli, Detragiache, Enrica. Financial liberalization

and financial fragility [C]. The World Bank, 1998.

[12] Paul M Romer. Increasing Returns and LongRun Growth [J]. *The Journal of Political Economy*, 1986, 94 (5): 1002 - 1037.

[13] King, R. G. and Levine, R. Finance, Entrepreneurships, and Growth - Theory and Evidence [J]. *Journal of Monetary Economics*, 1993, 32: 513 - 542.

[14] King, R. G. and Levine, R. Finance and Growth: Schumpeter Might Be Right [J]. *Quarterly Journal of Economics*, 1993, 108: 717 - 738.

[15] Bencivenga, V. R., Smith, B. D. Financial intermediation and endogenous growth [J]. *The Review of Economic Studies*, 1991, 58 (4): 195 - 209.

[16] Greenwood J., Jovanovic, B. Financial development, growth, and the distribution of income [J]. *Journal of Political Economy*, 1990, 98 (5): 1076 - 1107.

[17] Levine R. Stock markets, growth, and the tax policy [J]. *Journal of Finance*, 1992, 46 (6): 1445 - 1465.

[18] Saint - Paul, G. Technological choice, financial markets and economic development [J]. *European Economic Review*, 1992, 36: 763 - 781.

[19] Arestis, P., Demetriades, P. O., Luintel, K. B. Financial development and economic growth: the role of stock markets [J]. *Journal of Money, Credit, and Banking*, 2001, 33 (5): 33, 16 - 41.

[20] Rousseau P. L., Wachtel, P. Equity market and growth: cross-country evidence on timing and outcomes 1980 - 1995 [J]. *Journal of Banking and Finance*, 2000, 24 (2): 1933 - 1957.

[21] Greenwood, J., Smith, B. D. Financial markets in development, and the development of financial markets [J]. *Economic Dynamics and Control*, 1997 (21): 145 - 181.

[22] Rousseau L., Wachtel P. Financial intermediation and economic per-

formance: historical evidence from five industrialised countries [J]. *Journal of Money, Credit and Banking*, 1998, 30 (7): 657 – 678.

[23] Fatima A. M. Does financial development cause economic growth? An empirical investigation drawing on the Moroccan experience [C]. Working Paper 000295, University Management School, 2004.

[24] Shabri M., Majid A. Does financial development matter for economic growth in Malaysia? an ARDL bound testing approach [J]. *Journal of Economic Cooperation*, 2008 (29): 61 – 82.

[25] Odhiambo N. M. Interest rate liberalization and economic growth in Zambia: A dynamic linkage [J]. *African Development Review*, 2009a (21): 541 – 557.

[26] Nwosa P. I., Agbeluyi A. M. and Saibu O. M. Causal Relationships between financial development, foreign direct investment and economic growth: The case of Nigeria [J]. *International Journal of Business Administration*, 2011 (2): 93 – 97.

[27] Hussain F., Chakraborty D. K. Causality between financial development and economic growth: Evidence from an Indian State [J]. *The Romanian Economic Journal*, 2012, 45 (5): 27 – 48.

[28] Odedokun M. O. Alternative econometric approaches for analysing the role of the financial sector in economic growth: Time-series evidence from LDCs [J]. *Journal of Development Economics*, 1996a, 50 (1): 119 – 146.

[29] Odedokun M. O. Financial policy and efficiency of resource utilization in developing countries [J]. *Growth and Change*, 1996b, 27 (9): 269 – 297.

[30] Christopoulos D. K., Tsionas E. G. Financial development and economic growth: evidence from panel unit root and cointegration tests [J]. *Journal of Development Economics*, 2004, 74 (2): 55 – 74.

[31] Akinlo A. E., Egbetunde T. Financial development and economic growth: the experience of 10 sub – Saharan African countries revisited [J]. *The*

Review of Finance and Banking, 2010 (2): 17 – 28.

[32] Ahmed A. D., Wahid A. N. M. Financial structure and economic growth link in African countries: a panel cointegration analysis [J]. *Journal of Economic Studies*, 2011, 38 (4): 331 – 357.

[33] Beck T., Levine R. and Loayza N. Finance and the sources of growth [J]. *Journal of Financial Economics*, 2000, 58 (6): 261 – 300.

[34] Levine R., Loayza N. and Beck T. Financial intermediation and growth: causality and causes [J]. *Journal of Monetary Economics*, 2000, 46 (3): 31 – 77.

[35] Jalilian H., Kirkpatrick C. Financial development and poverty reduction in developing countries [J]. *Journal of Finance and Economics*, 2002 (7): 97 – 108.

[36] Arestis P., Demetriades, P. Financial development and economic growth: Assessing the evidence [J]. *The Economic Journal*, 1997, 442 (7): 783 – 799.

[37] Shan J. Z., Morris A. G. Does financial development "Lead" economic growth [J]. *International Review of Applied Economics*, 2002 (16): 153 – 168.

[38] Beck T., Levine R. Stock markets, banks, and growth: panel evidence [J]. *Journal of Banking & Finance*, 2004, 28 (6): 423 – 442.

[39] Arestis P., Luintel A. D., Luintel K. B. Financial structure and economic growth [C]. CEPP Working Paper, 2005, No. 06/05.

[40] Adjasi C. K. D., Biekpe N. B. Stock market development and economic growth: the case of selected African countries [J]. *International Research Journal of Finance and Economics*, 2006, 18 (1): 144 – 161.

[41] Akinlo A. E., Akinlo O. O. Stock market development and economic growth: Evidence from seven sub – Sahara African countries [J]. *Journal of Economics and Business*, 2009, 16 (4): 162 – 171.

[42] Choong C., Yusop Z., Law S., Liew V. K. Financial development

and economic growth in Malaysia: the perspective of stock market [J]. *Investment Management and Financial Innovations*, 2005 (4): 105 – 115.

[43] Osuala A. E., Okereke J. E., Nwansi G. U. Does stock market development promote economic growth in emerging markets? A causality evidence from Nigeria [J]. *World Review of Business Research*, 2013 (3): 1 – 13.

[44] Bayar Y., Kaya A., et al. Effects of stock market development on economic growth: evidence from Turkey [J]. *International Journal of Financial Research*, 2014 (5): 93 – 100.

[45] Levine R., Zervos S. Stock market development and long-run growth [J]. *The World Bank Economic Review*, 1996 (10): 323 – 339.

[46] Cheng S. Substitution or complementary effects between banking and stock markets: Evidence from financial openness in Taiwan [J]. *Journal of International Financial Markets, Institutions & Money*, 2012 (22): 508 – 520.

[47] Wu J., Hou H., Cheng S. The dynamic impacts of financial institutions on economic growth: Evidence from the European Union. Journal of Macroeconomics [J]. *Journal of Macroeconomics*, 2010 (32): 879 – 891.

[48] Odhiambo N. M. Is financial development still a spur to economic growth? A causal evidence from South Africa [J]. *Savings and Development*, 2004, 28: 47 – 62.

[49] Akinlo A. E., Egbetunde T. Financial development and economic growth: the experience of 10 sub – Saharan African countries revisited [J]. *The Review of Finance and Banking*, 2010, 2 (1): 17 – 28.

[50] Ang J. B. McKibbin, W. J. Financial liberalisation, financial sector development and growth: evidence from Malaysia [J]. *Journal of Development Economics*, 2007, 84 (1): 215 – 233.

[51] Rachdi H., Mbarek B. The causality between financial development and economic growth: panel data cointegration and GMM system approaches [J]. *International Journal of Economics and Finance*, 2011, 3 (1): 143 – 151.

［52］Zang H., Kim Y. C. Does financial development precede growth? Robinson and Lucas might be right ［J］. *Applied Economic Letters*, 2007, 14: 15 – 19.

［53］Akinlo A. E., Akinlo O. O. Stock market development and economic growth: evidence from seven sub – Sahara African countries ［J］. *International Journal of Economics and Finance*, 2009, 61 (2): 162 – 171.

［54］Athanasios V., Antonios A. Stock market development and economic growth: an empirical analysis ［J］. *American Journal of Economics and Business Administration*, 2012, 4 (2): 135 – 143.

［55］Shan J. Z., Morris A. G., Sun F. Financial development and economic growth: an egg and chicken problem? ［J］. *Review of International Economics*, 2001, 9 (3): 443 – 454.

［56］Berthelemy J. C., Varoudakis A. Economic growth, convergence clubs, and the role of financial development ［C］. Oxford Economic Papers, 1996, 48 (2): 300 – 328.

［57］Sinha, D., Macri, J. Financial development and economic growth: the case for eight Asian countries ［J］. *The Economic Journal*, 2001, 12 (3): 12 – 29.

［58］Akinlo, A. E., Egbetunde, T. Financial development and economic growth: the experience of 10 sub – Saharan African countries revisited ［J］. *The Review of Finance and Banking*, 2010, 2 (1): 17 – 28.

［59］Rachdi, H., Mbarek, B. The causality between financial development and economic growth: panel data cointegration and GMM system approaches ［J］. International Journal of Economics and Finance, 2011, 3 (1): 143 – 151.

［60］Shan J., Ianhong Q. Does financial development "lead" economic growth? The case of China ［J］. *Annals of Economics and Finance*, 2006 (1): 231 – 250.

［61］Calderon C., L. Liu. The Direction of Causality Between Financial Development and Economic Growth ［J］. *Journal of Development Economics*, 2003, 72: 321 – 334.

[62] Ang J. B. A survey of recent developments in the literature of finance and growth [J]. 2008, 22 (3): 536 – 576.

[63] Arestis P., Demetriades P. Financial development and economic growth: assessing the evidence [J]. *The Economic Journal*, 1991, 107 (4): 783 – 799.

[64] Hondroyiannis G., Lolos S., Papapetrou, E. Financial markets and economic growth in Greece, 1986 – 1999 [J]. *Financial Markets, Institutions and Money*, 2005, 15 (2): 173 – 188.

[65] Deb S. G. and Mukherjee J. Does stock market development cause economic growth? A time series analysis for Indian economy [J]. *International Research Journal of Finance and Economics*, 2008, 21: 142 – 149.

[66] Carp, L. Can stock market development boost economic growth? Empirical evidence from emerging markets in Central and Eastern Europe [J]. *Procedia Economics and Finance*, 2012, 3 (4): 438 – 444.

[67] Snigh, A. Financial liberalization: Stock markets and economic development [J]. *Economic Journal*, 1997, 107 (4): 771 – 782.

[68] Naceur S. B., Ghazouani, S. Stock markets, banks and economic growth: Empirical evidence from the MENA region [J]. *Research in International Business and Finance*, 2007, 21 (7): 297 – 315.

[69] Narayan P. K., Narayan S. The short-run relationship between the financial system and economic growth: New evidence from regional panels [J]. *International Review of Financial Analysis*, 2013, 29 (9): 70 – 78.

[70] Rioja F., Valev N. Does one size fit all?: A reexamination of the finance and growth relationship [J]. *SSRN Electronic Journal* 2004, 74 (6): 429 – 447.

[71] Masten A. B., Coricelli, F., Masten, I. Non – linear growth effects of financial devel-opment: does financial integration matter? [J]. *Journal of International Money and Finance*, 2008, 27 (2): 295 – 313.

[72] Stengos T., Liang, Z. Financial Intermediation and Economic Growth: A Semiparametric Approach [J]. *International Review of Financial Analysis*, 2005, 16: 39 – 52.

[73] Cecchetti S. G., Mohanty M. S., and Zampolli F. The real effects of debt [C]. Bank for International Settlements BIS Working Papers. 2011, No 352.

[74] Beck R., Georgiadis G., Straub, R. The finance and growth nexus revisited [J]. *Economic Letters*, 2014, 124 (5): 382 – 385.

[75] Samargandi N., Fıdrmuc J., Ghosh S. Is the relationship between financial development and economic growth monotonic? [J]. *World Development*, 2015, 68 (9): 66 – 81.

[76] Shen C. H., Lee C. C. Same financial development yet different economic growth: Why? [J]. *Journal of Money, Credit and Banking*, 2006, 38 (7): 1907 – 1944.

[77] Cecchetti S. G., Kharroubi E. Reassessing the impact of finance on growth [C]. BIS Working Paper Series, 2012, No. 381.

[78] Chen K. C., Wu L., Wen J. The relationship between finance and growth in China [J]. *Global Finance Journal*, 2013, 24: 1 – 12.

[79] May Hu, Jing Zhang B., Chichur Chao. Regional financial efficiency and its non – linear effects on economic growth in China [J]. *International Review of Economics and Finance*, 2019, 49 (7): 193 – 206.

[80] Rousseau, P. L. and Wachtel, P. What is happening to the impact of financial deepeneing on economic growth? [J]. *Economic Inquiry*, 2011, 49: 276 – 288.

[81] Gantman, E. R. and Dabos, M. P. Finance and economic growth: new evidence from time series analysis (1961 – 2009) [J]. *Applied Economics Letters*, 2013, 20 (9): 893 – 896.

[82] Aghion, P., Howitt, P., Mayer – Foulkes, D. The effect of finan-

cial development on convergence: Theory and evidence [J]. *The Quarterly Journal of Economics*, 2005, 120 (1): 173 - 222.

[83] Meon, P. G. and Weill, L. Does financial intermediation matter for macroeconomic performance? [J]. *Economic Modelling*, 2010, 27 (8): 296 - 303.

[84] Gregorio J. D. and Guidotti, P. E. Financial development and economic growth [J]. *World Development*, 1995, 23 (5): 433 - 448.

[85] Calderon C., Liu L. The direction of causality between financial development and economic growth [J]. *Journal of Development Economics*, 2003, 72 (4): 321 - 334.

[86] Rioja F. and Valev N. Finance and the sources of growth at various stages of economic development [J]. *Economic Inquiry*, 2004, 42 (1): 127 - 140.

[87] Hassan M. K., Sanchez B., and Yuc, J. S. Financial development and economic growth: New evidence from panel data [J]. *The Quarterly Review of Economics and Finance*, 2011, 51 (3): 88 - 104.

[88] Beck T., Buyukkarabacaky B., Riojaz F. K., and Valev N. Who gets the credit? And does it matter? Household vs. Firm lending across countries [J]. *The B. E. Journal of Macroeconomics*, 2012, 12 (1): 23 - 48.

[89] 谈儒勇. 中国金融发展和经济增长关系的实证研究 [J]. 经济研究, 1999 (10): 53 - 61.

[90] 谭艳芝, 彭文平. 金融发展与经济增长的因素分析 [J]. 上海经济研究, 2003 (10): 3 - 12.

[91] 赵振全, 薛丰慧. 金融发展对经济增长影响的实证分析 [J]. 金融研究, 2004 (8): 94 - 99.

[92] 梁琪, 滕建州. 我国金融发展与经济增长之因果关系研究 [J]. 财贸经济, 2006 (7): 34 - 38, 96 - 97.

[93] 史永东, 武志. 我国金融发展与经济增长关系的实证分析 [J].

预测，2003（4）：1-6.

[94] 庞晓波，赵玉龙. 我国金融发展与经济增长的弱相关性及其启示[J]. 数量经济技术经济研究，2003（9）：47-51.

[95] 沈军. 金融虚拟性与金融体系效率[J]. 财贸经济，2009（6）：11-16.

[96] 沈坤荣，张成. 金融发展与中国经济增长——基于跨地区动态数据的实证研究[J]. 管理世界，2004（7）：120-126.

[97] 周立，王子明. 中国各地区金融发展与经济增长实证分析：1978-2000[J]. 金融研究，2002（10）.

[98] 艾洪德，徐明圣，郭凯. 我国区域金融发展与区域经济增长关系的实证分析[J]. 财经问题研究，2004（7）：8-9.

[99] 王景武. 金融发展与经济增长：基于中国区域金融发展的实证分析[J]. 财贸经济，2005（10）.

[100] 韩俊才，何友玉，张振. 金融发展与经济增长的关系——基于中国东、中、西部六省市的实证分析[J]. 统计观察，2006（10）：78-81.

[101] 冉光和，李敬，熊德平. 中国金融发展与经济增长关系的区域差异——基于东部和西部面板数据的检验和分析[J]. 中国软科学，2006（2）.

[102] 王晋斌. 金融控制政策下的金融发展与经济增长[J]. 经济研究，2007（10）.

[103] 唐松. 中国金融资源配置与区域经济增长差异——基于东、中、西部空间溢出效应的实证研究[J]. 中国软科学，2014（8）：100-110.

[104] 吴新生. 基于我国新区域面板数据的金融发展与经济增长收敛分析[J]. 经济问题探索，2009（11）：111-115.

[105] 沈军，白钦先. 中国金融体系效率与金融规模[J]. 数量经济技术经济研究，2013，30（8）：35-50.

[106] 彭俞超. 金融功能观视角下的金融结构与经济增长——来自1989-2011年的国际经验[J]. 金融研究，2015（1）.

[107] 张亦春, 王国强. 金融发展与实体经济增长非均衡关系研究——基于双门槛回归实证分析 [J]. 当代财经, 2015 (6): 45-54.

[108] 黄宪, 黄彤彤. 论中国的"金融超发展" [J]. 金融研究, 2017 (2): 26-41.

[109] 李健, 盘章宇. 金融发展、实体部门与全要素生产率增长——基于中国省级面板数据分析 [J]. 经济科学, 2017 (5): 16-30.

[110] 孔东民. 通货膨胀阻碍了金融发展与经济增长吗? [J]. 数量经济技术经济研究, 2007 (10): 56-66.

[111] 赵振全, 于震, 杨东亮. 金融发展与经济增长的非线性关联研究——基于门限模型的实证检验 [J]. 数量经济技术经济研究, 2007 (7): 54-62.

[112] 张珂, 严丹, 傅勇. 中国金融发展与经济增长阈效应研究: 来自中国各省市平行数据的经验证据 [J]. 上海金融, 2009 (10): 11-16.

[113] 杨子荣, 张鹏杨. 金融结构、产业结构与经济增长——基于新结构金融学视角的实证检验 [J]. 经济学 (季刊), 2018 (2).

[114] 韩廷春. 金融发展与经济增长: 经验模型与政策分析 [J]. 世界经济, 2001 (6): 35-40.

[115] 朱承亮, 岳宏志, 李婷. 中国经济增长效率及其影响因素的实证研究: 1985-2007 年 [J]. 数量经济技术经济研究, 2009 (9): 52-63.

[116] 沈红波, 寇宏, 张川. 金融发展、融资约束与企业投资的实证研究 [J]. 中国工业经济, 2010 (6): 55-64.

[117] 金春雨, 韩哲, 张浩博. 基于 Panel-VAR 模型的我国金融业发展与经济增长关联性的计量检验 [J]. 管理评论, 2013 (1).

[118] 周晓艳, 高萌, 贺文慧. 金融发展、产业结构和地区资本配置效率 [J]. 中央财经大学学报, 2015 (5): 38-45.

[119] 王永中. 新古典增长和内生经济增长中的金融发展效应 [J]. 当代经济科学, 2006 (5): 45-51.

[120] 陈邦强, 傅蕴英, 张宗益. 金融市场化进程中的金融结构、政

府行为、金融开放与经济增长间的影响研究——基于中国经验（1978－2005年）的实证［J］. 金融研究, 2007（10）：1－14.

［121］孟祥兰, 鞠学祯, 张翰灵. 我国信贷规模对经济增长影响的定量分析——基于正规金融与非正规金融［J］. 宏观经济研究, 2012（5）.

［122］曾国平, 王燕飞. 中国金融发展与产业结构变迁［J］. 财贸经济杂志, 2007, 28（8）.

［123］刘培森. 金融发展、创新驱动与长期经济增长［J］. 金融评论, 2018（4）：41－59.

［124］万道侠, 胡彬. 产业集聚、金融发展与企业的"创新惰性"［J］. 产业经济研究, 2018（1）：28－38.

［125］钟腾, 汪昌云. 金融发展与企业创新产出——基于不同融资模式对比视角［J］. 金融研究, 2017（12）：127－142.

［126］贾俊生, 伦晓波, 林树. 金融发展、微观企业创新产出与经济增长——基于上市公司专利视角的实证分析［J］. 金融研究, 2017（1）：99－113.

［127］王晓彦, 张馨月. 省际金融发展水平与企业绩效的阈值效应研究——基于融资约束的视角［J］. 学习与实践, 2019（5）：23－32.

［128］王曼怡, 甄晗蕾. 金融发展与微观企业技术创新关系研究——来自制造业的经验证据［J］. 山东社会科学, 2019（9）：130－135.

［129］方先明, 孙爱军, 曹源芳. 基于空间模型的金融支持与经济增长研究——来自中国省域 1998—2008 年的证据［J］. 金融研究, 2010（10）：68－82.

［130］郭丽虹, 张祥建, 徐龙炳. 社会融资规模和融资结构对实体经济的影响研究［J］. 国际金融研究, 2014（6）：66－74.

［131］杨俊, 王佳. 金融结构与收入不平等：渠道和证据——基于中国省际非平稳异质面板数据的研究［J］. 金融研究, 2012（1）.

［132］武志. 金融发展与经济增长：来自中国的经验分析［J］. 金融研究, 2010（5）.

[133] 赵小克, 李惠蓉. 金融发展和经济增长关系的检验 [J]. 统计与决策, 2013 (5): 119-121.

[134] 王勋, 赵珍. 中国金融规模、金融结构与经济增长——基于省区面板数据的实证研究 [J]. 财经研究, 2011 (11): 59-64.

[135] 张同功, 孙一君. 金融集聚与区域经济增长: 基于副省级城市的比较研究 [J]. 宏观经济研究, 2018 (1): 82-93.

[136] 杨胜刚, 朱红. 中部塌陷、金融弱化与中部崛起的金融支持 [J]. 经济研究, 2007 (5): 55-67.

[137] 袁云峰, 曹旭华. 金融发展与经济增长效率的关系的实证研究 [J]. 统计研究, 2007 (5): 60-66.

[138] 闫丽瑞, 田祥宇. 金融发展与经济增长的区域差异研究——基于我国省际面板数据的实证检验 [J]. 宏观经济研究, 2012 (3): 99-105.

[139] 张雪芳, 戴伟. 金融发展及其市场化是否提高了实体经济资本配置效率——基于省际面板数据的实证分析 [J]. 天津财经大学学报, 2016 (10): 3-13.

[140] 曾国安, 马宇佳. 金融结构差异对东、中、西部地区经济增长的影响——基于中国省际面板数据的实证分析 [J]. 经济问题, 2017 (9).

[141] 谈儒勇, 丁桂菊. 外部融资依赖度与增长机会: 金融发展效应行业差异探析 [J]. 华南师范大学学报, 2007 (3): 23-27.

[142] 李青原, 赵奇伟, 李江冰, 等. 外商直接投资、金融发展与地区资本配置效率: 来自省级工业行业数据的证据 [J]. 金融研究, 2010 (3): 80-97.

[143] 雷日辉, 等. 金融发展、资本配置效率与工业行业出口绩效研究 [J]. 经济经纬, 2015 (5): 54-59.

[144] 陈国进, 等. 金融发展与资本错配: 来自中国省级层面与行业层面的经验分析 [J]. 当代财经, 2019 (6): 59-71.

[145] 贵斌威, 徐光东, 陈宇峰. 融资依赖、金融发展与经济增长——基于中国行业数据的考察 [J]. 浙江社会科学, 2013 (2): 50-61.

[146] 叶耀明,王胜. 长三角城市群金融发展对经济增长促进作用的实证分析——基于动态计量经济学分析方法的应用 [J]. 经济问题探索, 2007 (4): 128 – 133.

[147] 马轶群,史安娜. 金融发展对中国经济增长质量的影响研究:基于 VAR 模型的实证分析 [J]. 国际金融研究, 2012 (11): 30 – 39.

[148] 杨嵩,黄婷婷. 中国区域金融发展与经济增长——基于具生产的 OLG 理论及面板数据的实证分析 [J]. 南京审计大学学报, 2019 (2): 68 – 78.

[149] 彭俞超,朱映惠,顾雷雷. 金融发展对经济增长影响的结构效应——基于 META 回归分析方法 [J]. 南开经济研究, 2017 (5): 20 – 36.

[150] 周德才,卢晓勇,杨伊,等. 我国金融发展与经济增长周期关系的实证检验 [J]. 山西财经大学学报, 2013 (12): 57 – 68.

[151] Grossman, S. J., J. E. Stiglitz. On the Impossibility of Informationally Efficient Markets [J]. *American Economic Review*, 1980, 70: 393.

[152] Hartmann, Philipp, Papaioannou, Elias, Lo Duca, Marco, Heider, Florian, The role of financial markets and innovation in productivity and growth in Europe [R]. European Central Bank Occasional Paper, 2007, No. 72.

[153] Greenwald, B., M. Kohn, and J. Stiglitz. Financial Market Imperfections and Productivity Growth [J]. *Journal of Economic Behavior and Organization*, 1990, 13 (3): 321 – 345.

[154] Saint – Paul, G. Technological Choice, Financial Markets and Economic Development [J]. *European Economic Review*, 1992, 36 (4): 763 – 781.

[155] Rioja, F., N. Valev. Finance and the Sources of Growth at Various Stages of Economic Development [J]. *Economic Inquiry*, 2004, 42 (1): 127 – 140.

[156] Acemoglu, D., Aghion, P., Zilibotti, F. Distance to Frontier, Selection, and Economic Growth [J]. *Journal of the European Economic Associa-*

tion, 2006, 4 (1): 37 - 74.

[157] Calderón, C., Liu, L. The Direction of Causality Between Financial Development and Economic Growth [J]. *Journal of Development Economics*, 2003, 72 (3): 321 - 334.

[158] 何诚颖, 徐向阳, 陈锐, 等. 金融发展、TFP抑制与增长源泉——来自中国省际面板数据的实证 [J]. 经济学家, 2013 (5): 75 - 85.

[159] William Easterly, Ross Levine, David Roodman. Aid, Policies, and Growth: Comment [J]. *American Economic Review*, 2004, 94 (3): 774 - 780.

[160] 蔡跃洲, 付一夫. 全要素生产率增长中的技术效应与结构效应——基于中国宏观和产业数据的测算及分解 [J]. 经济研究, 2017, 52 (1): 72 - 88.

[161] Pagano M. Financial markets and growth [J]. *Financial Markets and growth*, 1993, 37 (2): 613 - 622.

[162] Bose N., Cothren, R. Equilibrium loan contracts and endogenous growth in the presence of asymmetric Information [J]. *Journal of Monetary Economics*, 1996 (38): 363 - 376.

[163] 朱波. 金融发展与内生增长: 理论及基于中国的实证研究 [M]. 成都: 西南财经大学出版社, 2007.

[164] 西奥多·W. 舒尔茨. 人力资本投资——教育和研究的作用 [M]. 北京: 商务印书馆, 1990.

[165] Lucas Robert E. On the mechanisms of economic development [J]. *Journal of Monetary Economics*, 1988, 22: 3 - 42.

[166] Rebelo S. Long run policy analysis and long run growth [J]. *Journal of Political Economy*, 1991, (3): 500 - 521.

[167] De Gregorio, Jose and Kim, Se - Jik. Credit Markets with Differences in Abilities: Education, Distribution, and Growth [J]. *International Economic Review*, 2000, 41 (3): 579 - 607.

[168] Rashmi Arora. Financial Inclusion and Human Capital in Developing

Asia: the Australian connection [J]. *Third World Quarterly*, *Taylor & Francis Journals*, 2012, 33 (1): 177 – 197.

[169] Dutta, Nabamita, Sobel, Russell S. Entrepreneurship and human capital: The role of financial development [J]. *International Review of Economics & Finance*, 201857 (C): 319 – 332.

[170] Sen, Amartya. Human development and financial conservatism [J]. *World Development*, 1998, 26 (4): 733 – 742.

[171] Hakeem M., Oluitan O. Financial development and human capital in South Africa: a timeseries approach [J]. *Research in Applied Economics*, 2012, 4 (3): 18 – 38.

[172] Akhmat G., Zaman K. and Shukui, T. Impact of financial development on SAARC'S human development [J]. *Quality and Quantity*, 2014, 48 (5).

[173] Menyah K., Nazlioglu S. and Yemane, W. R. trade openness and economic growth in African countries: New insights from a panel causality approach [J]. *Economic Modelling*, 2014, 37 (1): 386 – 394.

[174] Schumpeter J. A. *The Theory of Economic Development* [M]. New York, Harvard University Press, 1934.

[175] Scherer F. M. et al. *Innovation and Growth: Schumpeterian Perspectives* [M]. MIT Press Books, 1986.

[176] Freeman C. et al. *Innovation and Growth* [M]. Edward Elgar Publishing, 1994.

[177] Love J. H., Roper S. The determinants of innovation: R&D, technology transfer and networking effects [J]. *Review of Industrial Organization*, 1999, 15 (1): 43 – 64.

[178] Aghion P., Askenazy P., Berman N., Cette G., and Eymard L. Credit constraints and the cyclicality of R&D investment: Evidence from france [J]. *Journal of the European Economic Association*, 2012, 10 (5): 1001 –

1024.

[179] Amore M. D., Schneider C., and Zaldokas, A. Credit supply and corporate innovation [J]. *Journal of Financial Economics*, 2013, 109 (3): 835 – 855.

[180] Hyytinen A., Toivanen O. Do Financial Constraints Hold back Innovation and Growth? Evidence on the Role of Public Policy [J]. *Research Policy*, 2005, 34 (9): 1385 – 1403.

[181] Ang J. B. Financial Reforms, Patent Protection, and Knowledge Accumulation in India [J]. *World Development*, 2010, 38 (8): 1070 – 1081.

[182] Ang J. B. Financial Development, Liberalization and Technological Deepening [J]. *European Economic Review*, 2011, 55 (5): 688 – 701.

[183] Barbosa N., Faria A. P. Innovation across Europe: How Important Are Institutional Differences? [J]. *Research Policy*, 2011, 40 (9): 1157 – 1169.

[184] Thorsten Beck. Financial Dependence and International Trade [J]. *Review of International Economics*, Wiley Blackwell, 2003, 11 (2): 296 – 316.

[185] Raymond Fisman & Inessa Love. Financial Dependence and Growth Revisited [R]. National Bureau of Economic Research NBER Working Papers, 2003, No. 9582.

[186] Melise Jaud, Madina Kukenova, Martin Strieborny [R]. PSE Working Papers, 2009, No. 9582.

[187] Nurullah Gur. Financial Integration, Financial Dependence and Employment Growth [J]. *International Journal of Economics and Financial Issues*, Econjournals, 2015, 5 (2): 493 – 500.

[188] Laeven, Luc, Klingebiel, Daniela, Kroszner, Randy. Financial crises, financial dependence, and industry growth [R]. The World Bank Policy Research Working Paper, 2002, No. 2855.

[189] Stijn Claessens, Luc Laeven. Financial Dependence, Banking Sector

Competition, and Economic Growth [J]. *Journal of the European Economic Association*, 2005, 3 (1): 179 – 207.

[190] Pang, Jiaren, Wu, Haibin. Financial markets, financial dependence, and the allocation of capital [J]. *Journal of Banking & Finance*, 2009, 33 (5): 810 – 818.

[191] Shen, Leilei. Financial dependence and growth: Diminishing returns to improvement in financial development [J]. *Economics Letters*, 2013, 120 (2): 215 – 219.

[192] Manganelli, Simone, Popov, Alexander. Financial dependence, global growth opportunities, and growth revisited [J]. *Economics Letters*, Elsevier, 2013, 120 (1): 123 – 125.

[193] 李连发, 辛晓岱. 外部融资依赖、金融发展与经济增长: 来自非上市企业的证据 [J]. 金融研究, 2009 (2): 73 – 86.

[194] Benhabib, J., M. Spiegel. The Role of Human Capital in Economic Development: Evidence from Aggregate Cross – Country Data [J]. *Journal of Monetary Economics*, 1994 (2): 143 – 173.

[195] Dale W. Jorgenson, Mun S. Ho, Kevin J. Stiroh. Growth of U. S. Industries and Investments in Information Technology and Higher Education [M]. NBER Chapters, 2005.

[196] Marcel P. Timmer, Mary O'Mahony, Bart van Ark. *EU KLEMS Growth and Productivity Accounts: An Overview* [M]. International Productivity Monitor, 2007.

[197] Robert, Inklaar and Koetter, Michael. *Financial Dependence and Industry Growth in Europe: Better Banks and Higher Productivity* [M]. University of Groninger Press, 2008.

[198] Griffith R., S. Redding and J. van Reenen. Mapping the Two Faces of R&D: Productivity Growth in a Panel of OECD Industries. [J]. *Review of Economics and Statistics*, 2004, 86 (4): 883 – 895.

[199] Raddatz, C. Liquidity Needs and Vulnerability to Financial Underdevelopment [J]. *Journal of Financial Economic*, 80 (3): 677 – 722.

[200] Inklaar, Robert, Koetter, Michael, Bank market power, factor reallocation, and aggregate growth [J]. *Journal of Financial Stability*, 2015, 19: 31 – 44.

[201] Furstenberg, G. v. and U. von Kalckreuth. Dependence on external finance: an inherent industry characteristic? [J]. *Open Economies Review*, 2006, 17: 541 – 559.

[202] Aziz, Jahangir and Christoph, K. Duenwald. Growth – Financial Intermediation Nexus in China [R]. IMF Working Paper, 2002, No. 02/194.

[203] 张军, 金煜. 中国的金融深化和生产率关系的再检测: 1987 – 2001 [J]. 经济研究, 2015, 11: 34 – 45.

[204] Papaioannou, E. Finance and growth: a macroeconomic assessment of the evidence from a European angle [R]. European Central Bank, 2007, No. 787.